体育院校通用教材

体育史

（第3版）

郝　勤　崔　莉　宋秀平　主编

全国体育院校教材委员会　审定

人民体育出版社

图书在版编目（CIP）数据

体育史／郝勤，崔莉，宋秀平主编. -- 3 版. -- 北京：人民体育出版社，2024

体育院校通用教材

ISBN 978-7-5009-6262-5

Ⅰ.①体… Ⅱ.①郝… ②崔… ③宋… Ⅲ.①体育运动史－世界－教材 Ⅳ.①G811.9

中国版本图书馆 CIP 数据核字（2022）第 254993 号

*

人 民 体 育 出 版 社 出 版 发 行

三 河 市 紫 恒 印 装 有 限 公 司 印 刷

新 华 书 店 经 销

*

710×1000　16 开本　15.5 印张　250 千字

1989 年 6 月第 1 版　2024 年 5 月第 3 版

2024 年 5 月第 3 版第 1 次印刷（总第 35 次印刷）

*

ISBN 978-7-5009-6262-5

定价：50.00 元

社址：　北京市东城区体育馆路 8 号（天坛公园东门）

电话：67151482（发行部）　　　邮编：　100061

传真：67151483　　　　　　　　邮购：　67118491

网址：www.psphpress.com

（购买本社图书，如遇有缺损页可与邮购部联系）

编写组

主　编　　郝　勤　崔　莉　宋秀平

编　委　　潘　华

　　　　　张　新

　　　　　李　杨

　　　　　高　潇

　　　　　翟　昕

　　　　　孙铭阳

前 言

　　本书为国内高校体育类专业通用教材，适用于大学体育类专业本、专科教学，也可作为研究生辅助教材和体育史爱好者的通俗读本。

　　体育史学作为体育学科与体育理论研究的基础性学科，也是体育专业教育的基础课程之一。《体育史》教材的编撰与我国高等院校体育专业体育史课程的开设是同步的。中国第一本《体育史》教材是 1919 年商务印书馆出版、郭希汾教授编撰的《中国体育史》。20 世纪 50 年代，在教育部与国家体委的领导下，开始开展《体育史》教材编撰工作。1989 年，体育学院通用教材《体育史》第 1 版由人民体育出版社正式出版发行。这是新中国第一本正式发行的《体育史》教材，由此奠定了我国《体育史》教材的基本体例与框架。2006 年刊印发行的体育学院通用教材《体育史》第 2 版，为了适应体育院校体育史课程教学需要，同时反映体育史研究新的成果，将世界体育史和中国体育史进行分编论述，并本着"厚今薄古"的原则，增加了对中外现代体育发展成就与特点的阐述，使《体育史》教材内容更加完善，与现代体育的发展结合更加紧密，其体例、框架、结构也更加合理。第 2 版教材在教学中获得普遍好评与良好的反馈，被列为普通高等教育"十一五"国家级规划教材，并获得了国家体育总局教学成果奖。出版至今已经发行了 10 万余册。

　　第 2 版《体育史》教材出版使用至今已经十余年。期间中国体育取得了巨大成就，成功举办了夏奥会和冬奥会，逐步由体育大国迈向体育强国，而世界体育发展也发生了诸多新的变化。新时代的高等教育要全面贯彻党的教育方针，落实立德树人根本任务，培养德智体美劳全面发展的社会主义建设者和接班人。这使第2版《体育史》教材内容亟待更新和补充。另外，在教学实践中，随着课程设置改革和课时分配的变化，第2版《体育史》教材也存在着篇幅较大、内容较多、头绪较繁、学术性较强等问题，需要加以总结与完善。为解决以上问题，适应新时代、新形势和新要求，从2015年开始，成都体育学院体育史研究所开始组建第3版《体育史》教材研究编撰团队，并在人民体育出版社的大力支持与指导下，对新编教材的思路、体例、框架、内容反复进行了研究和论证，最终编撰完成了此稿。

第3版《体育史》教材坚决贯彻执行教育部印发的《高等学校课程思政建设指导纲要》的指导精神，注重挖掘提炼中华民族优秀传统体育文化和中华体育精神，着重阐述中国共产党领导下的红色体育和中华人民共和国成立以来体育事业取得的伟大成就，使学生通过《体育史》教材和课堂学习，增强对中华优秀传统体育文化的认同，提升走中国共产党领导下的中国特色社会主义发展道路的自觉认识。

为了适应各体育院系体育史课程教学的新要求，第3版《体育史》教材从题材和内容上进行了较大调整。

其一，保留了第2版《体育史》教材中世界体育史和中国体育史分编体例，在体现中国体育与世界体育发展的统一性和整体性的同时，重点阐述中国体育在古代、近代和现当代发展的历史与特点。对第2版《体育史》教材内容进行了补充和完善，重点增补了2003年以来中国体育的重大事件和世界体育的变化。

其二，本版教材的编辑思路是编年体与纪事体相结合，以古代、近代、现代体育发展的编年体为经，以各个时代的体育大事件为纬，注重教材体例和内容的逻辑性和可读性。本版教材在思想原则上以历史唯物主义为指导，坚持正确的政治方向；在编撰思路上注重课堂导向，紧密结合教学需要；在教材内容上突出知识点和重点，力求详略得当；在内容结构上坚持厚今薄古，古今中外比例适当；在文字表述上注重简明扼要，清晰流畅，通俗易懂。

其三，根据目前国内高校体育专业体育史课程设置情况，本版教材在保证内容完整的前提下，在内容体量上进行了大幅压缩，以满足不同高校课程课时安排，同时给教师预留教学发挥空间。为了拓展学生的体育历史知识，利于学生自学和理解教材内容，本版教材增加了知识链接，用二维码链接资源的方式，给学生提供相关背景知识、图片和专家的教学讲解视频资料，努力构建立体化的体育史教材体系，以适应新的教学改革、教材改革和学科发展需求。

本版教材分为上下两编，共十章。上编（第一至第四章）为世界体育史，下编（第五至第十章）为中国体育史。时间上限为史前社会，下限截至2022 年。书后附有主要参考文献。

本版教材由成都体育学院主持编写。参加编写的人员有郝勤、崔莉、宋秀平、潘华、张新、李杨、高潇、翟昕、孙铭阳。国内多所体育院校和师范院校专家提供了宝贵的修改建议和意见。人民体育出版社领导和有关编辑对本书自始至终都给予了指导与关注，在此一并表示衷心的感谢。

[名师讲堂]

谈谈体育与体育史

目　录

下编　中国体育史

上 编
世界体育史

　　因本教材将中国体育史单列为一编，故将中国以外世界各地区体育史单列为上编——世界体育史，以使读者能够对世界体育的演进史有一个全面、初步的了解与认识，同时也可以由此了解中国各个历史时期体育演进发展的世界背景。

　　体育史学界一般将世界体育史分为史前体育、古代体育、近代体育和现代体育不同发展时期。

　　世界史前体育系指古代文明发生之前新石器时代的体育。

　　世界古代体育系指距今10000年至8000年到14世纪的体育。这一时期，西亚、北非、东亚、南亚及欧洲一些地区的人类先后进入了农业文明，出现了国家、阶级、文字、城市、青铜器等，并产生了古代苏美尔、古埃及、古中国、古印度等体育形态。在欧洲大陆，则先后出现了古希腊、古罗马和中世纪等体育形态。

　　世界近代体育系指14世纪至20世纪初的体育。这一时期的上限以14世纪欧洲文艺复兴为标志，下限至第一次世界大战爆发之前。其特点是在资本主义和工业文明产生背景下，以德国体操、瑞典体操和英国户外运动为代表的近代体育体系形成并开始传播至世界各地。

　　世界现代体育系指20世纪初开端到现在的体育。其标志是自20世纪初始，学校体育教育体系和竞技体育体系的成熟并逐步实现全球化，以及20世纪60年代后大众体育理念的形成与普及。

第一章

世界史前体育

　　史前体育，一般指人类进入文明阶段以前，处于新石器时代的体育行为与活动。这一时期人类尚处于原始狩猎采集经济阶段，主要使用磨制石器、弓箭等工具，尚未出现文字，但已普遍出现原始信仰、祭祀活动及禁忌行为。其社会结构主要是家庭、氏族与部落。

第一节　体育起源的动因与条件

体育是随着人类社会的发展而出现的。人类早期的体育行为可以追溯至距今 10000 年至 5000 年的新石器时代。这一时期，由于社会经济和生产力的发展，男子在社会中的地位提高，氏族首领由男子担任。在经济上，农业、畜牧业和手工业有了分工，出现简单的商品经济和贫富分化，私有制开始出现，农业生产和社会组织都已达到了相当的高度。与此同时，包括史前体育在内的人类早期文化开始出现并日益丰富。

关于体育的起源，有很多种说法，概括起来，有劳动起源说、模仿起源说、心理起源说、宗教巫术起源说、战争冲突起源说等。

体育起源观

人类体育究竟起源于何时，由于史料的匮缺，现不可详考。但我们能够根据目前掌握的各种体质人类学、文化人类学、考古学成果，来了解体育起源的各种动因与条件。

人类早期的社会性活动，是体育起源的重要前提之一。史前人类集体性活动除了狩猎和劳动外，还有血缘家族内部的丧葬祭祀、各类庆典、游戏娱乐和教育。早期人类依靠其社会组织与结构保证了自身的生存与进化，将各类日趋丰富和复杂的生产知识与生活经验积累起来并传授给后代。不断发展和成熟的社会组织，为原始体育的起源和形成提供了必要的机制与条件。

劳动与生产是体育起源的直接动因与条件。随着狩猎、养殖、耕种等劳动所需要的知识、技巧、组织等方面日趋复杂，教育成为史前人类传习知识和技能的必要手段和基本活动，体育作为原始教育的主要内容，成为原始社会最重要的生产力准备和贮存手段之一。大多数史前部落通过举行成丁礼，对部落的青年男子进行考核，证明其已达到成年人的要求和素质，其考核以原始体育活动内容为主。从这一意义上讲，劳动和生产实践直接促使体育的产生与形成。

巫术及原始宗教活动，是史前体育产生的又一条件。随着人类思维能力与精神生活的发展，产生了原始信仰与崇拜，并逐渐形成以各种巫术仪式（图1-1）为主体的原始宗教。在高度仪式化的巫术中，孕育出人类早期的舞蹈、艺术、竞技等活动，其中包含了丰富的原始体育因素与内容。可以说，以巫术为主体的原始宗教活动，是史前体育产生与形成的土壤。

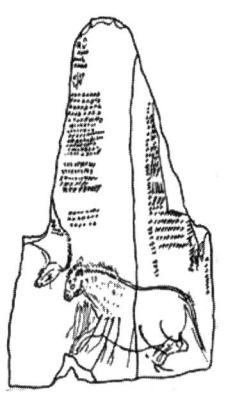

图1-1　狩猎巫术图（12000年前刻有刺着标枪的马的骨片，上部刻日期符）

另外，原始氏族与部落组织之间为争夺生活、生产资源的冲突和械斗也推动了史前体育的产生。旧石器时代晚期到新石器时代，提高男性的体能与作战技能成为原始氏族和部落组织的重要任务与日常活动；跑、跳、投掷、射箭、格斗等基本技能，以及侦察、偷袭、伏击、追击等综合作战能力的训练，逐渐成为史前体育的重要内容。

第二节　史前体育的形态与特点

在史前体育产生的初期，其基本特征是一种自然的体育行为，主要表现为人类在本能驱动下的各类游戏活动和祭祀活动中对动物及各种自然现象的崇拜与模仿，以及儿童学习各种生产狩猎技能的原始教育活动。新石器时代晚期，随着人类生产力的发展，以及文化、教育、祭祀、战争等需要，史前体育开始成为人类社会发展的一种需要，并逐渐从生产、宗教、战争等活动中分化独立出来，不断被分类、提炼和总结，逐渐成为一类特定的文化形态。

迄今为止，在全世界各地发现了很多史前岩画、石器、陶器等，有诸多反映史前人类游戏、舞蹈、摔跤、狩猎、祭祀等活动的图像，这是我们今天研究史前体育的珍贵材料。另外，人类学家对各地尚处于史前阶段原住民的调查，也有助于今人了解史前人类的体育形态。

史前体育作为人类体育运动发展的源头和最初阶段具有以下特点。

其一，史前体育所经历的时间漫长。在新石器时代，人类逐渐形成了游戏、竞技、祭祀、舞蹈、狩猎及各类以身体活动为载体的生产技能学习等史前体育行为。史前体育经历了数千年至上万年时间。

其二，史前体育具有多种社会和文化功能。史前体育的很多内容包含于人类的生产、宗教、战争、艺术等活动中，表现出教育、祭祀、娱乐、健身等多重功能和性质。而且时间越早，形式、内容到功能上的混沌性与边缘性特征就越明显。

其三，史前体育在发展水平上处于原始的和低级的阶段。在原始社会中，体育活动往往表现为自发和自然的状态，尚未成为人类自觉、有意识的身体练习和健身娱乐手段。这种自发的和自然的体育形态，无论是组织上还是手段上，都处于较低水平。

其四，史前体育具有原始平等性质。在原始社会，所有成员都有平等的地位和权利，因而它是一种全民体育，每个氏族成员都有参加体育活动的平等权利。所有成员必须经历成丁礼和其他仪式的考验，而且氏族成员都必须参加全氏族的集体性活动，如游戏、竞技、舞蹈等。

其五，史前体育表现出明显的地域文化特征。由于史前体育对环境和自然的高度依赖，因而形成了许多完全不同的体育形态。如在草原游牧民族中，盛行摔跤、射箭、骑马等运动；居住在高山上的原始氏族，流行攀岩、越野、狩猎等活动；而水上民族则擅长游泳、划船、钓鱼等活动。不同的自然条件与环境，决定了不同地区体育活动的性质与特点。

问题与思考

1. 体育起源与产生的动因与条件有哪些?

2. 史前体育与生产、宗教、战争和艺术等有何关系?

3. 史前体育有哪些特点?

拓展阅读书目

1. 颜绍泸,周西宽. 体育运动史 [M]. 北京:人民体育出版社,1990.

2. 颜绍泸,凡红. 从巫师祭坛到奥运圣火 [M]. 广州:广东人民出版社,1988.

[名师讲堂]

体育的起源

第二章

世界古代体育

　　世界古代体育系指距今 10000 年至 8000 年到 14 世纪的体育。这一时期随着北非、西亚、东亚、南亚、欧洲部分地区先后进入农业文明时代，并产生了阶级、国家与城市，发明了文字、金属、历法等，促进了新的体育观念和形态的形成。其后，古希腊、古罗马和欧洲中世纪的体育对世界近代体育产生了深刻影响。与此同时，亚洲各国及美洲大陆的文明古国也形成了自己的传统体育文化，与欧洲体育一起构成了世界古代体育图卷。

[名师讲堂]

古希腊体育

古罗马体育

欧洲中世纪骑士体育

第一节　世界上古体育

　　世界上古时代，是指从公元前4000年前后西亚、北非人类古代文明的出现，到476年西罗马帝国灭亡的这段历史时期。这一时期的体育，以两河流域、埃及、印度和爱琴海地区，以及古罗马等古代早期体育为代表。这些地区，加上东方的中国，是人类最早进入古代文明的地区，其标志是文字、冶金业和城市的出现；在社会形态方面，则出现了阶级和早期国家。同时，这也是古代体育文化的主要发源地。由于其地理环境、生产及生活方式的差异，以及不同的历史发展道路，形成了世界各地古代体育的不同地域文化特征。

一、早期亚非文明古国的体育

　　西亚的两河流域、北非的尼罗河流域，以及南亚印度河、恒河流域，是人类农业文明最早发源的地区。早在公元前4000年至公元前3000年左右，在这些地区相继出现了文字、城市、青铜器、历法、马车等。在社会形态方面，则出现了阶级和国家。这些都推动了包括体育在内的人类文明和文化的形成、变革与发展。

（一）古代两河流域的体育

　　两河流域系指今亚洲西部的底格里斯河与幼发拉底河流域。这里诞生了世界最早的文明之一——美索不达米亚文明，包括苏美尔、阿卡德、巴比伦、亚述等文明。至迟在公元前3500年左右，这里已经产生了成熟的农业、文字、青铜器、城市、法典、历法、数学、天文等。苏美尔人建立了贵族学校，贵族子弟在这里集中学习语言、文字和历史，同时进行各种体能训练与作战技能训练，在课余时间还有各种游戏活动和游泳。赫梯王国（公元前16—公元前15世纪）时，贵族少年被送到王宫，在专职教师指导下集中进行体能训练和学习各种作战技艺，包括使用弓箭、短棍、斧、矛、剑，以及驾驶战车、骑马、游泳等。狩猎是贵族阶层集娱乐和军事训练为一体的综合性活动，也是和平时期显示贵族勇气、体力、智慧和作战技能的重要方式。亚述国王经常率领王室成员外出狩猎，并在专门场地与猛兽搏斗，以展示自己的勇猛与超人技能。亚述宫墙上的浮雕就再现了国王猎狮的场面。

在古巴比伦（公元前19—公元前16世纪）时期，每年都要在新年期间为祭祀太阳神马杜克举行祭礼竞技，其主要项目是赛跑，优胜者拥有抓住马缰把国王迎下战车的殊荣。这一竞技活动比古希腊人的奥运会还早1000多年。节日期间民间也举行各种体育活动，如抱腰式摔跤（图2-1）、战车赛、击球、拳击、击剑、战斗演习和舞蹈等。

图 2-1　抱腰式摔跤青铜像

游泳是古巴比伦时期社会各阶层都开展的体育娱乐活动。在大英博物馆里保存着国王率领军队渡河的浮雕（约公元前1200年），其泳姿酷似现代的爬泳和侧泳。像现代人一样，这一时期的游泳者还使用气囊作为练习工具。

（二）古代埃及的体育

埃及位于非洲东北部，尼罗河从南到北贯穿全境，孕育出了灿烂的古埃及文明。公元前3150年，上下埃及完成统一，建立大一统国家。古埃及遗留下来众多金字塔、神殿里的壁雕和铭文记录了丰富多彩、形式多样的体育活动。

古埃及的体育活动从性质上大致可以分为以下四类：宗教性的体育活动，如赛跑、摔跤等；军事性的体育活动，如击剑、射箭、驾车、划船、游泳、骑马等；娱乐性的体育活动，如狩猎、舞蹈、球戏（图2-2）等；卫生保健活动，如按摩术等。

图 2-2　古埃及少女的球类游戏

　　古埃及王国的对外扩张使其得以与外界进行广泛交流，在文字、历法、艺术、科学知识、体育等方面都对古代西亚和欧洲产生了重要影响。如古希腊著名哲学家柏拉图和奥林匹克使者曾到埃及访问，学习知识并进行体育活动。公元前 332 年，马其顿占领古埃及后，推行希腊化政策，古埃及的体育风格与活动体系逐渐融于古希腊体育体系。

（三）古代印度体育与瑜伽术

　　古代印度地处亚洲南部的印度次大陆的印度河—恒河流域。公元前 2500 年达罗毗荼人在印度河流域创造了哈拉巴文化。公元前 1600 年，雅利安人从西北方向入侵征服了达罗毗荼人，建立了恒河流域文明，形成了以种姓制度和婆罗门教为特征的政教合一的国家。古代印度体育深受其社会制度特点影响。

　　种姓制度的存在构成了古印度体育独特的等级特点，使体育打上了鲜明的阶级与种姓烙印，某些体育活动只能在某一个种姓内授习流传。瑜伽术主要是婆罗门种姓的宗教修炼术，刹帝利种姓则垄断了军事技艺，舞蹈和各种游戏在吠舍种姓中十分流行，下层的首陀罗种姓则完全被剥夺了教育、体育与娱乐的权利。

瑜伽（Yoga）是源于古印度婆罗门教的宗教修炼理论与技术，《梨俱吠陀》中就被提及。瑜伽的本义是"结合"。婆罗门僧侣认为通过集中意念、调节呼吸及配合静坐或各种复杂的肢体动作与姿势，能够实现人与"梵天"即创造之神沟通结合。早在公元前1500年左右，以静坐修炼为特点的原始瑜伽已经出现。公元前5世纪至2世纪，出现瑜伽史上最重要的两部经典——《薄伽梵歌》与《瑜伽经》。2世纪至17世纪，对现代瑜伽影响深远的坦陀罗瑜伽和哈他瑜伽出现。近代印度成为英国的殖民地，瑜伽由此逐渐传至欧洲，成为十分流行的身心健康理论与技术。

二、古希腊体育与奥运会

古希腊是巴尔干半岛南部、爱琴海诸岛及小亚细亚西岸诸多奴隶制城邦群的总称。早在公元前2000年左右，这里就诞生了古希腊文明。古希腊人在奴隶主城邦制基础上创造了灿烂的文化，在哲学、文学、艺术、科学、体育等领域为后人留下了丰厚的文化遗产，对古罗马及欧洲的文化影响尤为深刻。古希腊体育被认为是古代体育的高峰。其中以斯巴达和雅典为代表的两种不同体育形态对后世体育和教育的发展影响深刻，古希腊竞技与奥运会也是现代竞技运动与奥运会的源头。

（一）斯巴达体育与雅典体育

古希腊体育在教育领域中主要有两种不同的教育理念与实践模式，即斯巴达体育模式与雅典体育模式。它们都对后来欧洲体育的发展产生了深远影响。

1. 斯巴达体育

斯巴达城邦位于伯罗奔尼撒半岛东南部，是一个以农业为主的内陆城邦。在公元前6世纪中叶以前的两个多世纪中，斯巴达不仅是希腊城邦中的军事强国，而且是体育强国，在古希腊奥运会上长期占据着无可争议的优势地

位。为了防止被统治者的反抗、维护社会秩序，人
口居于劣势的斯巴达实行彻底的全民皆兵制度，整
个斯巴达城如同一座大军营。斯巴达男孩 7 岁离开
家庭，被送到公共教育机构，分成小组在青年指导
员的指导下过集体生活。他们须经过严格的体能训
练和艰苦生活条件的磨炼，整年穿单衣，睡茅草，
学习五项运动（投枪、掷铁饼、跳跃、角力、赛跑）
（图 2-3），以及游泳、球戏、游戏和音乐舞蹈。

图 2-3　古希腊赛跑纹饰图

随着年龄的增长，与军事有关的内容也相应增加。斯巴达人满 18 岁时举
行成年礼，在月神祭坛前接受鞭打，通过考验方可进入士官团接受正规军训。
军训的内容包括使用兵器、五项运动和被称为"斯巴达体操"的拳击练习，
同时还要通过对奴隶居住的村落发动袭击来进行实战演习。斯巴达青年 20 岁
时经过宣誓效忠国家，成为正式军人。30 岁获得公民权，可以结婚，但仍需
继续住在军营服兵役，一直到 60 岁。60 岁以后，如果发生战争，仍需参战。

斯巴达体育是一种实用性很强且具有强制性的体育制度。这种体育模式
是古代及近代一些国家的"军国主义体育"和"战时体育"的源头。

2. 雅典体育

雅典位于亚提加半岛，有良港便于航海和经商，对外贸易活跃，工商业
发达。与斯巴达不同，雅典教育的目标是培养身心和谐发展的公民。雅典教
育制度是家庭、社会和国家的结合型。新生儿由父母决定取舍，并根据孩子
的特点安排相应的教育。7 岁前，儿童在家中接受教育，聆听神话史诗和英
雄传说，识字，进行掷骰、秋千、跷跷板、陀螺、捉迷藏、玩球等各种游戏。
7～14 岁的男孩由教仆伴随到私立的音乐学校和体操学校学习。这些学校有
运动场、淋浴场和附属的体育设施，男孩在体育教师的指导下进行各种运动
和游戏。12 岁时开始进行斯巴达式的五项运动和拳斗、游泳等较正规的体育
训练。14～18 岁的雅典少年进入国家体操学校，接受严格的体育训练，同时
和成年人一道参加各种社会和文化活动，学习哲学、文学、艺术、音乐等。

18 岁时成为正式公民并宣誓入伍，在军队中接受两年严格的军事训练。其后可离开军队去从事自己所喜爱的职业，如哲学家、诗人、历史学家、雕塑家、商人、政治家等。也有不少人选做体操家，其余的人也终身热爱运动。

雅典以培养身心全面发展为目标的教育思想和教育制度是人类文化的优秀遗产，在世界教育史和体育史上具有重要意义，也对近代欧洲以至世界教育思想和体育理论产生了重要影响。

（二）古代奥运会

古代奥林匹克运动会是古希腊人为祭祀天神宙斯而举行的规模最大的综合性竞技运动会。从公元前 776 年有文字记录的第一届奥运会到 393 年，每四年一届，共举办了 293 届，历时 1169 年。古希腊奥运会最初仅是伯罗奔尼撒西部若干城邦参加的小范围祭典运动会，后来逐渐发展为所有希腊城邦参加的泛希腊运动会。公元前 4 世纪以后，由于古希腊先后被马其顿和罗马人统治，古代奥运会赖以生存的社会文化环境发生了剧变，古代奥运会随之衰落。393 年，罗马皇帝狄奥多西立基督教为国教，下令关闭一切异教活动场所，从此，历时一千多年的古代奥运会销声匿迹。

古代奥运会起源于古希腊人的竞技比赛传统与宗教祭典仪式。早在荷马史诗中，就有追悼亡者而举行大型祭礼运动会的记载。其比赛项目有战车赛、站立式摔跤、拳斗、赛跑、掷标枪和铁饼、跳跃、格斗、射箭等。胜者通常可获得丰厚的物质奖励。

古代奥运会举办地位于伯罗奔尼撒半岛伊利斯城邦南部的奥林匹亚。这里是古希腊人祭祀宇宙之神宙斯的圣地，也是古代奥运会的诞生地和永久性举行地点。在奥运会举办期间，这一地区成为奥林匹亚圣域，不允许携带武器进入，也禁止一切战争行为。全希腊所有城邦须自动停止战争进入和平状态，以便参加奥运会，这就是著名的"奥林匹克神圣休战"。这使奥运会的举办成为全希腊人盛大的节日和聚会，也成为和平的象征。

古代奥运会的组织工作由奥林匹亚所在地伊利斯城邦负责。通常提前一年推选出奥运会的组织者和裁判官，其主要任务是审查竞技者的资格、指导竞技者赛前的集中训练、组织竞技并兼任裁判、宣布获胜者的名字并为其加冕。这些裁判官均由身世高贵、名声卓著的贵族或宗教首领担任，他们穿着绛红色衣袍，头戴月桂冠，手执象征权力的法鞭。

按照规定，奥运会举行前各城邦的选手要提前一个月到伊利斯参加资格审查和赛前集训。这些选手必须是纯希腊血统、未曾有犯罪记录的希腊公民。奴隶、战俘、异族人及妇女不能参加奥运会，即使作为观众也不允许。违禁者将被处以死刑。

在奥林匹克开幕日，要在宙斯大祭坛举行庄严而隆重的祭祀活动。在熊熊的圣火前，希腊人以百头公牛为牺牲，献祭给神灵。随后运动员、裁判员在宙斯像前庄严地宣誓，保证遵守规则，进行公平的竞争。

古代奥运会最初只进行一天，从公元前632年第37届延长到3天，后又从公元前472年第77届延长到5天。其中5天的活动大致安排如下：第一天大部分时间是宗教仪式和有关宣誓活动，然后举行赛跑比赛。第二天的主要比赛项目是五项竞技：铁饼、投枪、跳跃、赛跑、角力。第三天举行有关祭祀仪式，并进行拳击、格技、角力三项比赛。第四天主要是少年竞技项目比赛。第五天除了举行赛马、赛战车、武装赛跑以外，还在宙斯神坛前宣布竞技成绩、颁发奖品，并为获胜者举行庆功宴会。在古代奥运会期间，希腊人也进行各种政治活动、文化交流及商品交易。

（三）古希腊体育文化遗产

古希腊体育尤其是古代奥运会为后世留下了极为丰富的文化遗产，对世界体育史产生了深远的影响。具体表现在如下几个方面。

其一，创造了大型综合性运动会模式。古希腊奥运会这样历时一千多年从不间断的大型综合性运动会在世界史上是独一无二的。它为后世体育运动的发展提供了一种完美的和成熟的大型运动会的组织、活动模式。

其二，创造了一个完整的古代奥林匹克思想体系，其中包括奋斗的精神、业余原则、公平竞争的原则、对美和荣誉的追求、和平友谊的理想等。这些思想和精神代表了古代体育思想发展的精华和最有价值的成果，是世界体育思想发展的源泉与宝库。

其三，创造了体育与教育相结合的理想模式。古希腊人是最早将竞技运动作为教育手段并使之体系化和制度化的。以雅典体育与斯巴达体育为代表，形成了世界古代史上最完整的体育教育体系，为后世体育教育的发展留下了宝贵的财富。

作为奴隶制度下的一种体育制度，古希腊体育与古代奥运会也不可避免地被打上了时代和阶级的烙印。如古代奥运会剥夺了奴隶的体育权与参与权，禁止妇女参加奥运会，表现出性别与阶级的歧视和压迫。

三、古罗马体育与大竞技场

古罗马地处地中海，从公元前 8 世纪开始逐渐崛起，历经王政、共和及帝国三个时期，经过不断扩张，形成了横跨欧、亚、非洲的强大帝国。

古罗马体育发展在各个时期呈现出不同的特点。

在王政时期（公元前 753—公元前 509 年），罗马的教育目标是培养既能从事生产劳动又能英勇作战的农民军人。教育内容一是忠于国家民族的道德教育，二是从事身体素质训练与学习作战技艺。罗马的教育由家庭负责实施。父亲是家庭的主宰，也是教育的主要实施者。父亲指导男孩学习骑射、角力、游泳等技术和使用各种武器的方法，以使男孩在未来的战斗中能成为一名出色的战士。

在共和制时期（公元前 509—公元前 27 年），罗马实行奴隶制和公民制，其教育体系和体育体系开始定型。这一时期罗马教育以培养能文能武的公民为目标。孩子从小就接受公民教育和家族荣誉的熏陶，体育活动主要有滚铁环、玩小车、鞭陀螺、垒积木、掷骰子、打小球等。12 岁以后，男孩必须由父亲带领到马提亚斯广场去参加集体训练，学习投枪、使剑、骑马、徒手对打等技术，还要跟着父辈参加艰苦的狩猎活动和田间劳动。通过这些实践活动，培养其顽强的意志，使其掌握生产作战的技巧。根据有关法律，年满 17 岁的罗马青年须经过特定的考试和仪式，才能成为罗马公民，履行公民的职责，并进入军队接受正式的军事训练。直到 57 岁之前，一旦有战事发生，罗马公民必须应征入伍，直到战事结束。罗马军队的训练极为严格，其训练内容包括奔跑、跳跃、投枪、击剑、摔跤、游泳等，还要经常进行军事检阅和实战演习。

罗马帝国时期（公元前 27—476 年），罗马人凭借强大的武力建立了一个以地中海为中心、横跨欧亚非三大洲的大帝国。为了统治这一广大区域的人民，罗马公民的主要职业是参加军队从事征战。每一位罗马男性公民都是军人，从小必须进行严格的体能训练，掌握各类战斗技能，并在军队中参加实战训练。为此，罗马人建立了很多专门用于训练的营地，并修建了很多规模宏大的浴室。罗马的浴室是一个综合性公共场所，其中设有健身房、球戏房、露天运动场、按摩房、冷热水浴室，还有图书馆和艺术馆等，并有专门的体能教师指导训练。大的罗马浴室可供 1600 人同时入浴，小的浴室则遍布城乡。罗马人在这里参加各种体育锻炼，并从事商业谈判、社交活动和其他文化艺术活动。从遗留下来的罗马时期的雕塑来看，罗马男子都以强健突隆的肌肉与符合比例的身材为美，并以在战场上建功立业为荣耀。

大竞技场是罗马体育的标志与象征。罗马人闲暇最喜爱的娱乐是观看竞技表演。72—82 年，罗马皇帝为庆祝征服耶路撒冷的胜利在罗马城中心修建了著名的大竞技场，其建筑面积达 2 万平方米，可容纳数万名观众观看比赛。大竞技场每天举行斗兽、角斗、赛马、赛车等比赛，到大竞技场观看比赛是罗马人一天最主要的娱乐活动。大竞技场是世界上最早专供观众观看比赛的大型运动场，也是罗马帝国的标志。

观看角斗表演（图 2-4）是罗马人主要的闲暇娱乐活动。角斗最早起源于罗马人的葬礼仪式活动，至罗马帝国时期发展成为全民性竞技观赏活动。在大比赛日，角斗士在数万名观众的注视和呐喊声中手持短剑、盾牌或其他武器与狮虎一类猛兽进行搏斗，或者由角斗士互相格斗。其胜利者会获得奖赏甚至成为自由民，失败者身体伤残甚至当场被杀死。这些角斗士是由经过专门训练的奴隶、战俘、囚徒及一些自由人组成的职业表演者。古罗马的角斗比赛是一种血腥残酷的竞技表演，角斗士在罗马人眼中无异于野兽和工具。但罗马人却由此成为观赏性体育表演、职业体育和大型运动场的开创者。除此之外，罗马人也在大竞技场观赏赛马、赛车等充满危险和刺激的比赛。

图 2-4　古罗马剑斗士竞技图

第二节　世界中古体育

世界中古体育，泛指从 476 年西罗马帝国灭亡到 14 世纪欧洲文艺复兴这一时期内，除中国以外的欧、亚、非等地区的体育。在这一时期，欧洲的基督教和起源于西亚的伊斯兰教对体育发展产生了重要影响。另外，古代美洲地区、中亚草原各民族，以及古代日本体育虽然不是中古时期体育发展的主流，但也都表现出各自的体育文化特色。

一、欧洲中世纪骑士体育

从 476 年西罗马帝国的灭亡到 14 世纪文艺复兴运动开始，是欧洲封建社会形成和发展时期，被称为欧洲的中世纪。在这一时期，欧洲体育深受基督教教义和礼仪影响，相对古希腊和古罗马体育，处于长期的停滞和倒退的状态。

在基督教"肉体是灵魂的监狱"的教义下，教会禁止人们从事以满足精神和身体快乐为目的的游戏和竞技，认为这有悖于上帝的旨意，违背基督教教义。为此，罗马教廷和各地教会采取强硬的措施，规定其信徒不得参加任何游戏和竞技，违者要遭到惩罚。直到 14 世纪文艺复兴运动之后，这种状况才逐渐得到改善。

中世纪欧洲实行封建制，贵族男子的主要职责和义务是服从君主和高层贵族的召唤从军作战。骑士是封建领主制的低端阶层，一般由没有财产继承权的贵族后代组成。他们以自备武器、盔甲和马匹、服骑兵军役为条件，通过战功从国王或大封建主处获得封地和荣誉身份。从 8 世纪开始，西欧骑士阶层形成，他们以"骑士精神"为准则，以信仰、忠诚、勇敢、荣誉为生命。

尽管基督教教义禁止人们娱乐和游戏，但由于中世纪欧洲各国间频繁的战争，尤其是发动多次十字军战争，因而欧洲各国贵族和骑士必须高度重视身体体能训练与各种作战技能训练，由此形成欧洲中世纪独特的骑士体育。

骑士体育的核心是"骑士七技"。骑士阶层的男孩在 7～15 岁就必须在教师或长辈指导下进行系统的体能训练和军事技能训练，经过考核和举行仪式后成为"准骑士"。这些"准骑士"要在成年骑士的指导下系统学习掌握"骑士七技"，包括骑马、游泳、投枪、击剑、狩猎、游戏、吟诗。至 21 岁学习期满，"准骑士"须在教堂通过专门仪式和宣誓才能被正式授予骑士称号。为了准备随时听候国王或主人的战争召唤，骑士们平时必须保持身体训练和军事训练。他们经常从事骑马、射箭、击剑等训练，还经常开展各种球戏和竞技比赛活动。

骑士比武又称骑士竞技，是欧洲中世纪君王和贵族在节日庆典举行的模仿战争的大型娱乐与竞技活动。骑士比武有严格的规则与礼仪，有专职的裁判，胜者会获得奖品与荣誉。比武时双方骑士根据事先的谈判约定比赛方式，包括参赛人数及武器。比赛一般是用去了矛头的长矛骑马执盾相向冲击对刺，将对手刺下马者为胜。比赛有双人决斗，也有数十人甚至更多骑士参加的混斗。骑士比武充满危险与刺激，经常发生伤害死亡事故，以致 1131 年开始教会屡次下令禁止骑士比武。

骑士体育的特点是围绕中世纪战争特点进行体能和技艺的训练，但同时也重视培养上流社会的文化修养与礼仪学习。欧洲中世纪贵族和骑士教育不仅以体能和技能为主，同时也重视吟诗、舞蹈等文化修养及通过击剑、竞技等进行礼仪、规则、伦理和精神教育。在基督教禁止娱乐活动和游戏的背景下，骑士体育的伦理、精神和训练方法成为这一时期欧洲体育的代表。骑士体育是近现代欧洲包括教育、体育在内的文化源头之一，近现代体育的精神、礼仪、规则，以及击剑、马术等运动都有中世纪骑士体育的影子。

二、欧洲中世纪的民间体育

欧洲中世纪的民间体育，主要是指中世纪后期的农民和城市居民的体育活动。在基督教影响下，欧洲中世纪农民体育通常是作为宗教庆典的助兴活动开展的。一般在农闲之时、五月节、圣诞节，以及骑士受封或领主家嫁娶喜事之日进行。其活动内容最常见的是模仿骑士比武的比赛游戏。这种比武竞技继承了骑士比武的形式，通常先分队集体比武，然后是两人进行对抗；双方骑在马上或驴背上，手执木制的长枪或连枷等物对打，有时还在桥上或水上进行。此外，早在12世纪，英国民间已流行原始的足球比赛，其场地、时间和人数都不固定，由游戏者临时约定，有时双方竟多达数百人同时参赛，场面十分狂热而壮观。由于这种民间的比赛常引起打斗群殴，以致英国国王曾多次下令禁止民间足球。除了足球以外，英国流行一种草地地滚球，游戏者使球滚向远处竖立的木柱，以击倒木柱者为胜。法国自13世纪后流行一种原始的网球。罗马时代流传下来的九柱戏在北欧上层社会中十分流行。中世纪后期，随着欧洲城市逐渐兴起，不少原本流行于农村的体育活动也被带到了城市，各种赛跑、跳远、投石、投棒、摔跤、舞蹈和球戏等在市民中十分流行。

随着民间体育日趋活跃，早期的体育组织也开始出现。较早的体育组织有成立于1042年的比利时根特击剑协会。1299年在英国成立了草地地滚球俱乐部。1399年，成立了佛兰德（法、比交界地区）射箭联合会。14世纪后，以行会为单位举行的竞技活动日益增多。如意大利村社流行一种叫作帕里奥（Palio）的比赛，内容包括驾车、骑马、划船、赛跑等活动。此外，欧洲一些地区出现了正规的运动场地和设施。如1290年法国出现了最早的室内网球场。英王爱德华三世（1312—1377年）也在王宫中修建了一个网球场。

三、古代亚洲与美洲等地区的体育

（一）古代阿拉伯体育

阿拉伯半岛位于亚洲西南部，北接叙利亚沙漠，东面是波斯湾和阿曼湾，南滨印度洋，西濒红海。在 7—13 世纪，阿拉伯人通过军事扩张，建立了一个横跨欧亚非三洲的封建大帝国。阿拉伯帝国信奉伊斯兰教。由于其优越的地理位置，阿拉伯帝国自古以来就是连接欧亚非三大洲交通、贸易、文化的重要枢纽和桥梁。在此基础上，辉煌的阿拉伯文化被创造出来。古阿拉伯体育是这一灿烂文化的组成部分。

古阿拉伯体育的特点是体育的生活化。其体育活动包括狩猎、赛马、射箭、马球、球戏、棋类、赛骆驼、击剑、投掷标枪和摔跤等。

古阿拉伯医学发达，积累了丰富的医学和健康经验。伊本·西拿（Ibn-Sina，980—1037 年）是古阿拉伯医学与健康学的代表。他所著的《医典》包含了丰富的体育思想。伊本·西拿主张人与自然的和谐与协调，肯定身体锻炼之于生命健康的积极作用，并从年龄、身体状况、自然条件、休息、锻炼方法等方面系统论述了影响人体健康的各种因素，讨论了保持身体平衡和健康的重要意义和方法。伊本·西拿的思想对文艺复兴后的欧洲近代体育思想的形成产生了重要影响。

（二）中亚和西亚大陆游牧民族的体育

在中亚到西亚的广阔地带，是欧亚大陆的联结枢纽，也是多民族交流与融合的地区。在不同历史时期，匈奴人、波斯人、突厥人、蒙古人等游牧民族在这里建立政权，并常倚仗剽悍的骑兵侵略以农耕经济为主的富饶邻居，包括古巴比伦、埃及、印度和中国等，使这些游牧民族客观上常扮演古代体育文化传播者的角色。

游牧经济形态和轻骑兵作战方式，对这些草原民族的体育产生了强烈的影响。男孩一出生就生活在马背上，很小就随父母学会了骑马、套索、射箭、摔跤和狩猎。在波斯帝国时期，7～16 岁的贵族少年，都必须到各省的教馆中学习摔跤、射箭、跑步和投枪，之后再到军中服役。

中亚游牧民族的各种游戏都与骑术分不开。亚洲腹地各民族都喜好古老的夺羊比赛，骑手们在奔驰中争夺羊皮，比赛场面异常激烈火爆。从古老婚俗演变而来的"姑娘追"也十分流行，这种游戏也是青年男女择偶婚配的一种方式。中亚地区先后出现过很多强大的国家和政权，中亚游牧民族的很多民间活动被带进宫廷和王府，成为王公贵族的日常体育活动项目。其中，蒙古族的摔跤、骑射和赛马三项竞技代表了中亚流行的竞技体制。公元前1世纪，北匈奴被中国的东汉王朝打败，在向欧洲腹地迁移的过程中，把三项竞技带到了欧洲，对欧洲中世纪骑士体育产生了很大影响。

（三）古代日本体育

日本是位于东亚的岛国。由于地理位置的特殊性，日本文化具有封闭性，但又有强烈的对外学习的愿望。据有关考古发现，早在公元前"绳文时代"，日本先民已经有跑、跳、投掷、射箭和游泳等活动，并且同其他原始民族一样举办祭神竞技比赛。3世纪至4世纪建立"大和国"时代后，日本体育文化逐渐形成，出现了各种竞技活动和娱乐活动。8世纪日本的武士阶层开始形成，对日本体育的发展产生了很大影响。武士阶层的技艺和教育包括剑术、枪术、射箭等各种"兵技"。

日本剑道约形成于9世纪，又称剑术、兵法等，是日本武士的主要技艺，也是武士的标志和象征。日本剑分为大刀（包括太刀、打刀）和小刀（胁差）两种。经过长期发展，日本剑道形成了二天一流、柳生新阴流、小野一刀流、北辰一刀流等几百家流派，出现了宫本武藏、上泉信纲、柳生但马守宗矩、柳生十兵卫、千叶周作成政等许多剑道名家。日本剑道在明治维新后随着武士阶层的没落演变为一种日本传统体育项目。

日本古代射箭主要分为骑射和步射。骑射表演通常在宫内的射场上进行，骑手在纵马奔驰中开弓射箭，射中标靶多者为胜。骑射活动后来又演化出悬竿、流镝马、犬追物三种运动，称为"马上三物"。步射又分为射礼、赌弓和悬赏比射。日本传统射箭在近现代发展为日本特有的"弓道"，直至现在仍是日本民众和青少年非常喜爱的传统体育项目。

"六艺一学"是古代日本武士的教育体系，包括弓术、马术、枪术、剑术、柔术、炮术和兵学。其中弓术和马术列六艺前两位。德川幕府时期（1603—1867年），随着火器出现，弓术与马术的地位逐渐下降，剑术成为六艺之首和武士的象征。上层武士因常从事社交活动，训练内容侧重于剑术、马术、枪术等；而下层武士出于实战的需要，以剑术、柔术、棍术等项目的训练为主。

相扑是由中国传入日本的一种运动，古称素舞，是由两名大力士裸露上身、互相角力的运动。到 8 世纪，日本已有每年 7 月 7 日为相扑节的传统。到了镰仓时代（1185—1333 年），相扑运动流传到民间，成为各地神社活动的重要内容。相扑运动在神社比赛的推动下不断发展，形成了一套严格的等级制度和训练体系。

另外，从中国引进的蹴鞠、马球、投壶等体育项目在日本也广为流行，成为日本的传统体育项目。17 世纪，明人陈元赟东渡日本，将中国的武术传到日本，促使了"柔术"的产生。柔术在此基础上发展成为今天的柔道。

（四）古代美洲体育

美洲早在纪元前就诞生了印第安文化。其中主要包括墨西哥境内的阿兹特克文化、玛雅文化和秘鲁境内的印加文化等。高度发达的玛雅帝国在 11 世纪时突然消失，仅留下了大量遗址和文物。16 世纪时西方殖民者来到美洲，消灭了阿兹特克和印加帝国。人们现在只有从考古资料和殖民者留下的记载中，才能寻找到古代印第安文化及印第安人的体育生活。

阿兹特克人和玛雅人都是骁勇善战的民族。男子从小就要学会使用弓箭、投石器和近战搏斗并参加战争。他们通过摔跤、跑步、划船、强行军、力量竞赛等训练手段来提高战士的身体素质与作战技艺。两人或多人分成两队，每人都一手执棍、一手执盾地进行实战格斗训练。印加人的训练内容中，还有投掷石块、跳高和跳远等。青年男子满 16 岁时，要举行成年礼，需通过各种体能和技能考试。玛雅帝国的棒槌和标枪决斗比赛的失败者，还曾一度被作为献给太阳神的祭品。

印第安人很早就会制造橡胶球，他们在成年礼、祭祀太阳神、祈求丰收、庆祝胜利、占卜仪式等几乎所有重要的宗教祭祀活动和节日中都要进行球戏活动。玛雅遗迹的球场是由石块铺成的，长 26 米，宽 7 米，分为两个半场。

两端各有一块凿有圆洞的方石，采用 3 局制，参赛双方各出 7 人，将球击入对方圆洞为胜。比赛时不准使用肘部和膝盖以下的部位击球。一般情况下男女分开比赛，有时也混合组队玩耍。所用的胶球既有实心的，也有充气的。竞赛由主祭师主持。

在美洲印第安人原始部落中，还流行过曲棍球、冰上球戏、雪橇滑降，以及水中摔跤等游戏。赛跑也是各印第安部落中常见的活动。这类比赛往往终日不绝，场面十分激烈。

❓ 问题与思考

1. 简述古代亚非地区早期文明体育的主要内容与特点。
2. 古希腊奥运会为后世留下了哪些体育文化遗产？
3. 简述古罗马体育的主要内容与特点。
4. 简述伊本·西拿的体育思想。
5. 简述欧洲中世纪骑士体育的特点及影响。
6. 简述中亚和西亚大陆游牧民族的体育内容与特点。

📖 拓展阅读书目

1. 贝林格. 运动通史：从古希腊罗马到 21 世纪 ［M］. 丁娜，编译. 北京：北京大学出版社，2015.

2. 基思·霍普金斯，玛丽·比尔德. 罗马大角斗场 ［M］. 蒲隆，译. 北京：商务印书馆，2008.

3. 王邵励. 古希腊奥林匹克竞技会研究：政治文化史的视角 ［M］. 长春：吉林文史出版社，2014.

4. 颜绍泸，周西宽. 体育运动史 ［M］. 北京：人民体育出版社，1990.

5. 任海. 奥林匹克运动 ［M］. 北京：人民体育出版社，2005.

6. 赵毅. 罗马体育法要论 ［M］. 北京：法律出版社，2017.

7. 颜绍泸，凡红. 从巫师祭坛到奥运圣火 ［M］. 广州：广东人民出版社，1988.

第三章

世界近代体育

　　世界近代体育，系指始于 14 世纪欧洲文艺复兴，形成于 18 世纪并于 20 世纪初传播至世界各地的体育体系。近代体育产生和发展的背景是欧洲 14 世纪文艺复兴以来的思想解放运动、17 世纪资本主义产生、18 世纪中后叶工业革命与近代科技的兴起。与此同时，西方殖民主义和航海技术的发展为欧洲近代体育向世界各地的传播提供了动力。近代体育以德国体操、瑞典体操和英国户外运动为主要实践体系，从 18 世纪开始成为欧洲贵族学校教育的有机组成部分。19 世纪近代体育开始从学校走向社会，19 世纪末由欧洲传播至世界各地，产生了以国际奥委会和现代奥运会为代表的国际体育体系。近代体育是现代体育的源头和基础，它的出现推动了世界体育的变革，对现代体育产生了巨大影响。

第一节　近代欧洲体育的产生

从 14 世纪起，先后在欧洲的意大利、德国和法国爆发了文艺复兴、宗教改革和思想启蒙运动，对欧洲乃至世界近代文明的发展产生了深远的影响。15 世纪到 17 世纪初，资本主义生产方式在欧洲逐渐取代了封建主义的生产方式。在这一过程中，近代体育思想与观念开始萌芽并逐渐形成。至 19 世纪，近代学校体育教育体系基本形成，以德国体操、瑞典体操和英国户外竞技为三大支柱的近代体育实践体系也臻于成熟。

一、"三大思想运动"与近代体育思想的形成

文艺复兴运动是发生在 14 世纪至 16 世纪的思想解放运动。这场运动极大地动摇了教会的禁欲主义身心观，开启了近代体育思想的先声。意大利是文艺复兴的发源地。文艺复兴的先驱从拜占庭帝国灭亡的废墟上发现了古希腊罗马建筑、雕塑、绘画等文物，并从中受到启示，大胆地对这些被基督教会认为是异教文化的遗产进行了深入探索，其中包括对有关体育问题的思考。

在文艺复兴运动中，第一个表达新的教育观念的是帕多瓦大学逻辑学教授弗吉里昂（Pietro Paolo Vergerio，1349—1420 年）。他所写的《论绅士风度与自由研究》强调青少年要有"支配的理性"和"顺从的身体"，提出根据个人特点"恰当地选择运动"。这些主张对后来的欧洲绅士教育的形成产生了较大影响。意大利医生赫·美尔库里亚利斯（Hieronymus Mercurialis，1530—1606 年）于 1569 年发表了近代体育史上具有里程碑意义的《论体操》。这是近代第一部从实验科学角度阐述体育的重要著作，对近代体育的形成产生了深远的影响。文艺复兴后期的法国人文主义者拉伯雷（Francois Rabelais，1494—1553 年）和蒙田（Michel Eyquem de Montaigne，1533—1592 年）以文学形式表达了新的教育思想。拉伯雷在其名著《巨人传》中塑造的"绅士"思想活跃、能力全面、性格开朗、学识广博，重视身体锻炼，保持

简朴生活方式，是身心全面发展的一代新人，对后世产生了重要的影响。在人文主义者的大力倡导之下，能文能武，重视身体锻炼，强调质朴生活方式在欧洲逐渐成为一种时尚。

宗教改革运动是继文艺复兴运动之后又一次伟大的思想运动。1517 年，德国牧师马丁·路德（Martin Luther，1483—1546 年）在维滕贝格教堂贴出《九十五条论纲》，主张改革基督教教义以适应时代发展的需要。欧洲各地广泛响应，并出现了一些新的教派，统称为新教。新教确立了一种新的价值观念，主张恪尽职守、努力工作是颂扬上帝功德的天职，而身体健康是完成天职的重要前提之一。在宗教改革的过程中。新教确立了灵肉不可分割的统一关系，提出了"强壮的基督徒"的主张，为体育的发展扫清了思想障碍。由于宗教在欧洲有着悠久的历史，在大众和平民中的影响较之人文主义更为广泛和深刻，它所包含的博爱、平等思想也为普通老百姓接受教育打开了大门。近代体育正是在新教取得胜利的德国、瑞典、英国等欧洲国家最先发展起来的。

18 世纪的欧洲启蒙运动是一次以崇尚理性、反对神学权威和封建制度为目标的思想文化运动，这场运动也对近代体育思想的形成产生了重要影响。启蒙思想家让-雅克·卢梭（Jean-Jacques Rousseau，1712—1778 年）在其名著《爱弥尔》中提出了"自然的"教育与体育方式，主张利用爬山、跳远、跳高、爬树、翻墙等自然行为，使儿童与青少年身体得到成长发育。他的"自然运动"包括日光浴、野外游戏、游泳、赛跑等活动，也包括网球、台球、槌球、射箭和足球等户外游戏活动。卢梭的"自然体育"思想对后来自然体育学派产生了重要影响。启蒙运动的另一代表人物赫伯特·斯宾塞（Herbert Spencer，1820—1903 年）于 1867 年出版了《教育论——智育、德育和体育》一书，奠定了实证主义教育和体育学说的基础，有力地促进了体育的科学化。

文艺复兴、宗教改革和启蒙运动三大思想运动，奠定了近代体育产生的思想基础。这些认识主要包括以下几个方面：其一，不再视身体为灵魂的监狱。在"灵肉一致"思想的基础上，体育作为一种世俗文化在教育和社会生活中的独特价值得到初步肯定；其二，"健全的思想寓于健全的身体"这一古老格言重新受到重视，身心全面发展的教育原则基本确立；其三，许多教育家和思想家开始注意到儿童与青少年身体发育阶段与教育的关系，开始研究体育在教育中的作用与意义。而同时期近代医学、教育学等学科的建立，也为体育的发展提供了必要的科学认识基础。

二、近代体育先驱与学校体育的开端

在欧洲近代体育的形成过程中，捷克教育家扬·阿姆斯·夸美纽斯（Johann Amos Comenius，1592—1670 年）是先驱者与奠基者。夸美纽斯的体育思想主要保存在其著作《大教学论》（1632 年出版）和《母育学校》（1632 年出版）中。他在这些著作中强调教育的作用，认为品德、体力和智力的缺陷都可以通过接受教育而得到改善和发展。在他设计的教学计划中，体育首次成为教学的有机部分。他也由此被尊称为"近代学校体育之父"。

在近代体育的早期实践中，约翰·伯恩哈德·巴斯多（Johannes Bernhard Basedow，1723—1790 年）及其创立的德绍学校居功至伟。巴斯多是德国博爱派教育的代表人物。他于 1774 年在德国的德绍创建了一所学校，首创了学校体育课课程。德绍学校后来固定开展的体育项目被称为"德绍五项"，即跑步、跳高、攀登、平衡和负重。继巴斯多后，德国各地先后办起了许多类似的博爱学校。其中最著名的是克里斯蒂安·戈特希尔夫·扎尔茨曼（Christian Gotthilf Salzmann，1744—1811 年）所创办的雪尼芬撒尔教育学院。由于体育成为正式的课程，产生了近代教育史上最早的专职体育教师。体育成为学校正式的教育内容是近代体育发展的重要标志与成果。

约翰·克里斯多夫·弗里德里希·顾茨穆茨（Johann Christoph Friedrich GutsMuths，1759—1839 年）是"德意志近代体育之父"。他在近代学校体育由只为极少数人服务的贵族性质转变成公共性质的大众教育过程中起到了重要推动作用。顾茨穆茨自 1785 年起在雪尼芬撒尔教育学院任教，1786 年开始参与体操教学。在长达 50 多年的体育实践中，他发表了许多教育、文学和体育方面的著作，其中著名的有《青年体操》（1793 年出版）和《游戏》

(1796 年出版)，这些著作很快就被翻译成多种文字，在欧洲产生了广泛的影响。在长期教学实践与研究基础上，顾茨穆茨建立了顾氏体操体系。顾氏体操体系将体操方法分为固有的体操运动（图 3-1）、手工劳动和游戏三大类，其核心是固有的体操运动，在近代体育发展史上意义深远。

顾氏体操
体系

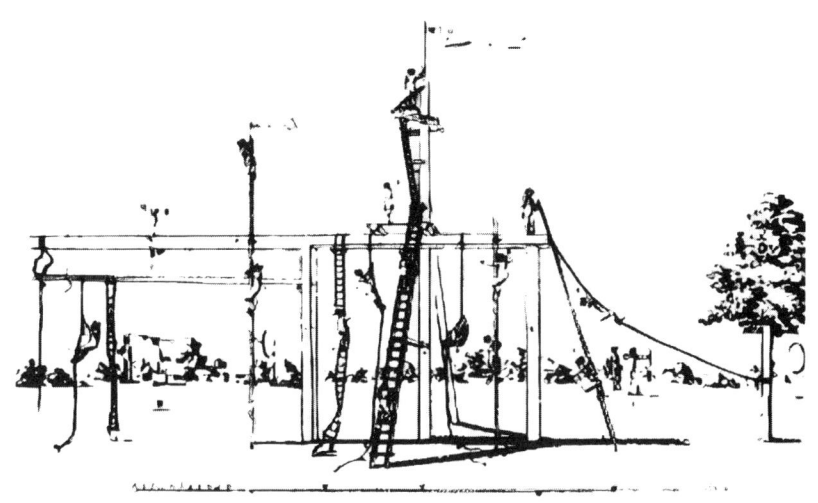

图 3-1　顾氏采用的体操器械和运动场面

约翰·亨利希·裴斯泰洛齐（Johann Heinrich Pestalozzi，1746—1827 年）是瑞士教育家。他继承卢梭的自然主义教育思想，认为智育、德育和体育是不可分割的统一教育过程，强调通过合理的教育使儿童身心得到全面发展，而体育在这一过程中起着最关键的作用。根据这一主张，裴斯泰洛齐设计了一套独具风格的体操，包括自然体操（让学生按照自己的意愿，自由地从事跑步、跳跃和游戏等活动）、基本体操（根据身体各部可能进行的动作而设计的运动形式）、教育体操（包括步行、跳远、跳高、摔跤、游泳、投掷、攀登和平衡运动等）三个内容。裴斯泰洛齐主张教育与生产劳动相结合，他设计的体操被认为具有"劳动技能入门指导书"的作用。裴斯泰洛齐的体育思想和实践在欧洲引起了广泛关注。他的体操与顾茨穆茨体操被认为是当时欧洲最成熟的体操体系。

三、近代体育三大基石的形成

18世纪末，近代体育在英国、德国、瑞典、丹麦、法国等国逐渐走向成熟，并且从学校扩展到社会和军队，进而为欧洲各国广泛接受。近代体育的主要内容是德国体操、瑞典体操、英国户外竞技，它们被称为近代体育的三大基石，是近代体育发展的重要成果和基本手段。19世纪末，近代体育的思想与手段方法被传播到世界各地，成为现代体育的主流形态与基础。

（一）德国体操体系的形成与发展

德国体操体系是近代体育三大基石之一，在近代体育发展中具有重要地位与影响。在德国体操体系形成过程中，弗里德里希·杨和施皮斯作出了重要贡献。

弗里德里希·杨（Friedrich Ludwig Jahn，1778—1852年）被称为"德国国民体育之父"。他是德国近代著名社会活动家和"杨氏体操"的创建者，在近代体育由学校教育内容演变为社会大众体育手段过程中起到了巨大作用。他对创建近代体育场、改造体操技术和在社会上宣传和推广体操运动等方面作出了重要贡献。他创造的双杠、单杠、木马、鞍马、吊绳等器械运动构成了现代体操运动的基本项目。杨年轻时适逢拿破仑战争，因此他主张通过体操来培养德意志民族的强大意志和爱国主义情感，并对德国教育和体育产生了深刻影响，成为后来德国军国主义体育思想的先驱。

杨氏对近代体育发展的贡献

阿道夫·施皮斯（Adolph Spiess，1810—1858年）是德国体操体系发展的重要推动者，被尊称为"德国学校体育之父"。他的主要著作为《体操理论》和《学校体育》。他的重要贡献之一是提出把女子体操纳入学校课程。他创建施皮斯体操体系，将体操分为序列运动、徒手体操和器械体操三个部分。这一体操体系后来成为德国乃至欧洲各国学校体育课程的内容标准。

（二）瑞典体操体系与体操的科学化

瑞典体操是近代体育三大基石之一。瑞典体操的奠基人是 P. H. 林（Pehr Henrik Ling，1776—1839 年）。1814 年在林的提议下成立了"瑞典王家中央体育学院"，并由他担任院长直至逝世。林氏发展了顾茨穆茨的科学体操思想，奠定了以生理学和解剖学原理为基础的体操理论与原则，并在此基础上创立了著名的瑞典体操体系。这是继德国体操之后在欧洲甚至全世界影响广泛的又一个体操体系。林氏在其《体操的一般原理》一书中将体操分为以下 4 类。

1. 教育体操

其目的在于求得身体全面自然发展。后来林氏的儿子雅尔玛·林按照对身体的不同功效将动作整理分类、分级，以便挑选组合成适合不同对象需要的体操练习，这对学校更加适用。

2. 兵式体操

瑞典式兵操比德式兵操多一些持枪和其他器械的练习，而且包括剑术。林氏编写的《体操教范》和《剑术教范》就曾被瑞典陆军和各国军队采用。

3. 医疗体操

用以矫正身体的缺陷，使身体各部均衡发展。动作结构包括主动动作、被动动作和协同动作三种。

4. 韵律体操

这是以抒发思想感情为目的的艺术体操，动作舒缓，富有表现力，适合女性练习。

相对德国体操，瑞典体操更强调科学性，其技术动作更加合理且具有动作优美、表演性强的特点，因而自成体系，并于 19 世纪后期受到欧美各国教育界和体育界的欢迎，成为艺术体操的基础。由于林氏对近代体育和体操发展所作出的巨大贡献，人们尊称他为"瑞典体操之父"。

（三）英国户外竞技运动及其教育理念

英国户外竞技是近代体育三大基石之一。与19世纪风行欧洲大陆的体操体系相比，英国户外竞技的各项运动如田径、游泳、棒球、板球、足球、网球、曲棍球等具有在户外亲近自然和竞技比赛的特点，因其更适应青少年身心发展规律而深受青少年的欢迎和喜爱，19世纪下叶逐渐为欧洲各国所接受。至20世纪初，随着各运动项目国际组织的出现，尤其是国际奥委会的成立与首届现代奥运会的举办，竞技运动逐渐发展成为世界主流体育形态。

1. 英国户外竞技运动传统

英国是近现代竞技运动的发源地。早在12世纪，居住在英伦半岛的盎格鲁-撒克逊人就喜爱各种比赛和球戏。史载1300年左右，英格兰的爱德华王子喜爱板球。1598年，位于吉尔福德的皇家文法学校已经有学生参与板球运动。17世纪以来，英国人创造了许多新兴竞技运动项目，如田径中的竞走、跨栏（图3-2）、三级跳远等；水上运动项目的划船、赛艇、水球等；球类运动的足球、网球、曲棍球、橄榄球、高尔夫球、板球、冰球等。这些后来都成为全世界普及的运动项目。

图3-2　19世纪末的110米栏赛跑

随着竞技运动的流行，很多运动项目的比赛规则和制度日趋成熟完善。英国近代最早有记载的正式比赛是1805年伊顿公学与哈罗学校的板球比赛。

1819 年，伊顿公学与威斯敏斯特学校举行了校际板球比赛。1827 年，牛津大学与剑桥大学开始定期举行板球及划船比赛（图 3-3）。1837 年起，各大学田径赛开始定期举行。

图 3-3　19 世纪英国划船比赛的情景

英国是近现代职业运动的发源地。19 世纪中期，英国的拳击、赛马等运动开始形成职业运动商品营销模式，并在英国各大城市及殖民地日趋火爆。职业运动的出现对以"业余原则"为标榜的"绅士体育"构成了严重威胁，但也为出身底层却具有天赋的运动精英进入体育界打开了大门。

英国是近现代运动俱乐部制度的产生地。为了便于在专属领域中开展体育活动，在绅士体育实践中产生了近代最早的体育组织——运动俱乐部。如 17 世纪中叶英国就产生了第一个花样滑冰俱乐部——爱丁堡俱乐部。

英国也是近现代体育博彩业的发源地。英国文化传统盛行赌博，因而利用体育进行赌博成为英国近代体育的一大特点。早在 18 世纪，赛马和拳击就是英国上流社会最流行的赌博方式之一。这种传统及运作规则是现代体育博彩业的雏形。

2. 英国"绅士教育"与洛克的"全面发展"教育理念

英国自 1640 年爆发了资产阶级革命后，到 1688 年建立了君主立宪制，成为欧洲最早建立稳定的资本主义制度的国家。英国社会出于变革和开拓海外市场的需要，培养资产阶级的"一代新人"被提上了重要的议事日程，由此产生了以培养社会上流精英为目标的"绅士教育"体系，体育是这一教育思想和体系中的一个重要组成部分。

在提倡"绅士教育"的过程中，作出巨大贡献的人物是英国近代著名思想家和教育家约翰·洛克（John Locke，1632—1704年）。洛克在教育方面的主要著作有《教育漫话》《人类理解论》等。洛克大力推崇旨在培养世界领袖人才的"绅士教育"，认为理想中的"一代精英"应当是出身高贵、举止文雅、态度文静、知识渊博而又体魄强健的绅士。他是世界教育史上第一个明确地将学校教育任务区分为智育、德育和体育三部分的人，认为教育的目标是培养德、智、体全面发展的人才。

"绅士教育"是一个精英培养体系，这一理念适应了19世纪英国在全世界殖民地扩张过程中对管理人才和军事人才的需求，并在实践中取得了极大成功。随着"大不列颠王国"在19世纪和20世纪初成为世界霸主，这一教育理念与实践方式也在世界各国产生了广泛影响。

3. 托马斯·阿诺德与拉格比公学的教育改革

19世纪以来，为了适应社会变革与工业文明发展的需要，英国对教育进行了持续的改革，户外竞技运动开始进入学校成为重要的教育内容。拉格比公学校长托马斯·阿诺德（Thomas Arnold，1795—1842年）是英国教育改革的先驱，他为户外竞技运动进入学校教育体系发挥了重要作用。

拉格比公学是英国最著名的公学之一，建于1567年。1827—1842年阿诺德任拉格比公学校长。他不仅将橄榄球等运动项目引入公学的教育体系，而且创造了近代英国学校独特的体育组织模式——"竞技运动自治"制度。这一制度的核心是鼓励学生自我管理，由高年级学生管理低年级学生，由此培养学生的管理能力。他要求学生参与管理学校的体育事务，将体育比赛的组织工作委托给同学自己去做，让他们在实际工作中经受锻炼，并取得未来承担领导职务的经验。在他的鼓励下，拉格比公学的学生自发组织了各种形式的俱乐部和运动队，进行自治管理，定期举办校内和校际比赛。

在阿诺德校长的支持和鼓励下，拉格比公学成为橄榄球运动的发源地。1845年，三个拉格比公学的学生制定了第一个橄榄球运动书面规则，拉格比足球（Rugby football）即橄榄球运动由此诞生。拉格比公学的体育实践为全英国的学校提供了一种崭新的教育模式与学校体育模式，并被推广到世界各地，至今仍被欧美大多数国家继承。

四、近代学校体育课设置与师资培养

早在1777年，匈牙利皇室就尝试在贵族学校中实施体育教学。19世纪初，很多欧洲国家政府开始重视学校体育制度与课程设置问题。1809年，丹麦政府下令中学必须开设体操课，由此丹麦成为最先开设体育课程的国家。1814年，丹麦政府又要求把体操课推广到小学，并成为普通教育的内容之一。1820年，瑞典政府下令将体操列为学校课程。此后，欧洲各国陆续将体育正式列入各级学校的教育与课程体系。

在学校体育迅速发展过程中，体育师资培养也被提到重要的议事日程上。从19世纪初开始，欧洲各国陆续开办了一些体育师范学校，其中较早的有丹麦皇家陆海军体操师范学校（1804年）、文职体育教师学校（1808年）、体操师范学校（1828年）、瑞典皇家中央体操学院（1814年）、法国儒安维尔军事体育师范学校（1820年）等。这些体育师范学校制定了严格的教学和考核标准。体育教师不仅要掌握各种锻炼方法和健身技术，而且被要求学习教育学、社会学、解剖学、生理学等课程并通过考试。这不仅有助于提高体育教师的教学水平和能力，还有力地推动了体育科学的发展。

第二节　近代体育的演进与发展

19世纪后期，近代工业革命进入了大机器生产时代，自由资本主义逐渐向垄断资本主义过渡。以英国为首的帝国主义列强凭借先进生产力带来的强大的政治、经济、文化和军事优势，完成了对世界市场的占领与瓜分。与此同时，马克思主义成为无产阶级革命的旗帜。在此背景下，近代体育的发展经历了一个重要的转折时期。第1届现代奥运会于1896年在希腊举行，成为近现代体育的划时代事件与里程碑，推动世界体育进入了一个新的阶段。

一、竞技体育的传播与国际体育组织的成立

19世纪70年代初，兴起于英国的竞技运动逐渐传播到欧洲各国，至19世纪末又由欧洲传播至全世界。到20世纪上叶，竞技体育已取代了传统体操的地位，演变成为世界体育发展的主流。

近代竞技体育的传播渠道大致有以下三种：一是以移民为体育文化传播的媒介，将原本在欧洲开展的近代体育带到世界其他地方，如美洲和大洋洲的近代体育就是这样发展起来的。二是一些通过改革走上资本主义道路的国家，如俄国、日本等，在实施教育改革的同时积极引进和推行近代体育。三是一些殖民地、半殖民地国家被欧洲列强侵略，被动地接受随之而来的近代体育。近代体育在其传播过程中往往伴随着新旧文化的斗争，并且与一些国家的民族解放斗争交织在一起。

19世纪末20世纪初，随着竞技体育在全世界的传播，各类世界性体育组织应运而生。1881年，第一个国际性的单项体育组织——国际体操联合会成立。此后，各种单项运动国际体育组织如雨后春笋般建立起来。其中重要的有国际橄榄球协会（1890年）、国际赛艇联合会（1892年）、国际滑冰联合会（1892年）、国际奥委会（1894年）等。至20世纪上叶，绝大多数竞技运动项目均成立了国际性体育组织。

国际单项体育组织的出现，使各运动项目在世界范围内有了统一的组织机构和比赛规则，使竞技运动完成了由民族文化和地域文化向世界文化的过渡与跨越。至20世纪初，一个由国际奥委会与国际单项运动联合会构成的世界体育组织体系开始形成，成为领导现代世界体育发展的核心力量，也是近现代体育发展成熟的重要标志之一。

二、"业余原则"的形成与影响

随着竞技运动在英国及欧美的传播和开展，出现了有关业余运动的争论。当竞技比赛出现商业化趋势并从上流社会向公众社会传播时，运动者的身份

问题变得越来越敏感，最终导致"业余原则"成为影响近现代体育发展最重要也是最具有争议性的价值观与制度设计。关于运动者身份的争议，最早见于 1832 年在英国牛津举行的划船比赛。当时，报名参赛的一位名叫戴维斯的选手被发现从事过船夫职业，因此被剥夺了参赛资格。17 世纪中叶产生的第一个花样滑冰组织——爱丁堡俱乐部则规定，会员必须是有身份的绅士，须交高额会费并有各种严格的规定。1866 年，英国业余体育联合会首次将"业余原则"写入了该会章程。规定："业余选手是指从未参加过以获得奖金为目的的公开比赛，从未和职业选手一起参加过大奖赛的绅士，是指从来没有以体育教师和体育指导为职业获得谋生经费的绅士，以及从来没有当过机工、手工业者和其他体力劳动者的绅士。"这一章程也是"业余原则"正式确立的标志。1867 年成立的英国业余田径俱乐部将"业余原则"写入了自己的章程。按照这一原则，运动员不能将体育作为牟利或谋生的手段，也不能通过比赛领取任何物质奖励或奖金，而只能将体育作为教育的手段和"高尚的"娱乐方式。

产生于英国的近代体育"业余原则"，对 20 世纪以来的现代体育的实践和发展产生了重要影响。1894 年国际奥委会成立，即确定了现代奥运会的业余原则，规定参加运动会的人是单纯为使身体和精神受益，或者是为了有利于社会公众利益，而不是为了直接或间接获得物质好处。业余原则还规定运动者不能接受政府、学校、企业的补贴和赞助，现役军人、体育老师、教练也被定义为"职业"。制定"业余原则"的本意是为了维护体育运动的"纯洁性"和"高尚性"，但在实践过程中引起了巨大争议。例如，如何界定职业与业余运动员的身份、"业余原则"在实践中对普通劳动者阶层的歧视与排斥、大型赛事无法获得必要的资金来源等。

三、不同体育思想理论的形成与影响

19 世纪 70 年代到 20 世纪中叶，由于国情差异和对体育的认识及需求不同，欧美各国的体育实践经历了不同的发展道路，产生了各种体育思想和理论。其中，影响较大的有军国主义体育思想、自然主义体育思想、女权主义体育思想等，而马克思主义体育观与顾拜旦的奥林匹克主义是这一时期体育思想发展的高峰。

（一）军国主义体育思想

军国主义体育思想在我国曾被称为"军国民主义体育思想"，是 19 世纪后期产生于德国的一种体育思想。这种体育思想主张将军队的军事训练方法直接运用于学校体育教学实践，使体育与军训高度结合，其目的是将青少年学生培养成为体魄强健、意志强大、"爱国""忠君"的士兵，其实践形式是在学校中强制推行实施带有强烈军事性质的兵操和室内体操。军国主义体育思想及实践对 19 世纪末 20 世纪初一些渴望迅速强盛的欧洲国家及亚洲的日本、中国等新兴国家具有较大吸引力，产生了很大影响。但这一思想支配下的体育手段简单粗暴、枯燥乏味，违背青少年身心发展规律和民主自由精神，因而 20 世纪以后受到广泛抵制，最终遭到唾弃。

（二）自然主义体育思想

自然主义体育思想是 19 世纪末 20 世纪初形成于美国的一种体育思潮，又称为"新体育"学说。这一思想源于卢梭自然主义教育观，并以美国约翰·杜威（John Dewey，1859—1952 年）的实用主义学说为其主要理论根据。1910 年，美国体育家托马斯·丹尼森·伍德（Thomas Denison Wood，1865—1951 年）、赫瑟林顿（Clark Wilson Hetherington，1870—1942 年）和杰西·费林·威廉姆斯（Jesse Feiring Williams，1866—1966 年）等人首先提倡自然体育。第一次世界大战后，奥地利的卡尔霍夫（Karl Gaulhofer，1885—1941 年）及其助手玛格丽特·施特莱歇尔（Margarete Streicher，1891—1985 年）在欧洲提出一套自然体育的思想体系。20 世纪 20 年代中期，自然主义体育思想在美国形成了系统的理论，其主要标志是威廉姆斯《体育原理》一书的问世。

自然主义体育思想主张教育和体育应尊重和顺从青少年身心发育规律，通过体育活动促使儿童和青少年的个性自由发展。自然主义体育思想对近代体育特别是学校体育产生了重大影响，带来了 20 世纪初体育教育领域的革命。自然主义体育思想包含了丰富的民主价值、自由精神和科学基础，是近代体育思想的重要成果。正因为如此，20 世纪 20 年代以后，它在欧美和亚洲各国逐渐取代了军国主义体育思想，成为现代学校体育理论与实践的主流体系。

（三）女权主义体育思想

"女权主义"一词于 1872 年由法国小说家小仲马在《论妇女》一文中首先提出。所谓女权主义，泛指妇女要求平等权利的社会思潮，提倡妇女在人类生活所有领域与男子具有同等权利。女权主义运动从一开始就是一种政治运动，也是历史发展的必然产物。随着斗争的不断深入，女权主义者除了争取政治普选权以外，还争取与男子平等的社会参与权，其中就包含平等的体育权利。

从 19 世纪末到 20 世纪初，女权主义者为争取妇女参加体育运动的权利进行了持久的斗争和努力。1896 年首届现代奥运会规定只能男性参加，但1900 年在巴黎举行的第二届奥运会上有 19 位女性运动员参加了网球和高尔夫球比赛，但是成绩未被承认。国际奥委会领导人顾拜旦也反对女性参加比赛。第一次世界大战后，随着时代进步与观念变革，以争取妇女平等参加体育运动权利为核心的女权主义体育思想最终成为国际社会的共识，奥运会和大多数运动项目的国际国内赛事都增设了女子项目。与此同时，越来越多的女性开始参与到体育裁判、体育教师、体育教练、体育管理和各种体育事务中。由于体育运动具有公众性和世界性，因而也成为 20 世纪女性解放与争取平等权利的前沿阵地和标志。

（四）马克思主义体育观

马克思主义体育观，是指科学共产主义奠基人卡尔·海因里希·马克思（Karl Heinrich Marx，1818—1883 年）、弗里德里希·恩格斯（Friedrich Engels，1820—1895 年）基于历史唯物主义和辩证唯物主义思想提出的体育观。这一体育观形成于 19 世纪中期，成熟于 19 世纪后期，对 19 世纪末和 20 世纪的世界体育运动实践产生了重大影响。

作为一个科学的体育思想体系，马克思主义体育观包含了以下主要内容。

其一，个人全面发展观。马克思主义体育观的核心是"个人的全面发展"观。这一学说是马克思和恩格斯通过对资本主义制度导致人的片面发展的批判体现出来的。

其二，体育的阶级性。马克思主义体育观的一个鲜明特征，就是站在无产阶级的立场上，抨击与批判资本主义制度对劳动阶级剩余价值无情剥夺及为了获取利润而对广大工人阶级身心健康的极度漠视与摧残。因此，马克思主义体育观明确提出，体育应为无产阶级服务。

其三，体育是一种社会实践。马克思没有给体育下过确切的定义。1866年，马克思曾提出："体育，即体操学校和军事体操所传授的东西。"从马克思主义的观点来看，体育是发展人的身体的活动，又是发展人的社会性的活动。

马克思主义体育观是在批判继承历史上各种先进的体育思想，尤其是空想社会主义者的教育思想和实践基础上发展起来的。它的主要贡献在于第一次阐明了人的全面发展问题的历史性和阶级性，提出了体育是无产阶级和社会发展需要的科学理论，明确指出了实现人的全面发展的社会条件和途径。这是马克思主义对现代体育思想和理论建设的伟大贡献。

（五）奥林匹克主义

奥林匹克主义产生于皮埃尔·德·顾拜旦（Pierre De Coubertin，1863—1937年）创建现代奥林匹克运动的早期实践。青年时期，顾拜旦深受古希腊奥运会追求身心和谐发展理想，以及英国近代伟大教育家托马斯·阿诺德"学生竞技自治运动"的影响。这两者也成为他提出奥林匹克主义的主要思想来源。在创建现代奥林匹克运动的实践过程中，顾拜旦深感当时竞技运动虽然在操作体系和方法手段上已较为成熟，但缺乏一个哲学基础和基本的价值目标。因此他试图以"奥林匹克主义"这一概念和思想来弥补这一缺陷。为此，顾拜旦就"什么是奥林匹克主义"进行了长达几十年的思索。1935年8月4日，顾拜旦在日内瓦广播大厅发表了《现代奥林匹克主义的哲学基础》演说，首次明确提出"奥林匹克主义"应包括五大要素——宗教、精英、休战、神圣、心灵美。从而确定培养纯洁而崇高的信仰，造就出道德高尚、人格完美、身心一致的现代精英，以实现奥林匹克运动的神圣任务和终极目标——世界和平。20世纪以来，在顾拜旦这一思想原则基础上，随着现代奥林匹克运动的发展，奥林匹克主义不断充实和完善，并被明确载入《奥林匹克宪章》之中，成为推动人类和平进步、促进世界体育发展的伟大旗帜。

四、现代奥林匹克运动会的诞生

19世纪末，随着竞技运动在欧洲和全世界的传播与发展，世界体育发展迫切需要一个统一的思想体系、组织体系和实践操作体系。在现代奥林匹克先驱顾拜旦的发起和领导下，诞生了现代奥林匹克运动，开辟了世界现代体育发展的新纪元。

1889年7月，在巴黎召开的国际田径代表大会上，顾拜旦首次公开提出了复兴奥林匹克的设想。1892年，在庆祝法国"体育运动协会联合会"成立5周年大会上，顾拜旦发表著名的"复兴奥林匹克"演说，博得了与会者的热烈反响。1893年，顾拜旦以法国田径协会秘书长的身份，与英国业余田径协会主席赫尔伯特、美国普林斯顿大学教授斯龙、瑞典巴里克将军等人共同组建了恢复奥运会的"筹备委员会"。

1894年6月16日，"国际体育运动代表大会"在法国巴黎的索邦神学院（巴黎大学前身）开幕。到会代表79人，来自欧洲和北美洲34个国家的49个体育组织。大会一致同意顾拜旦的主张，通过了《复兴奥林匹克运动会》的决议。6月23日，与会代表宣誓信守业余原则后，通过了成立国际奥林匹克委员会（IOC）的决议，批准了顾拜旦制定的第一部奥林匹克宪章，选举希腊诗人德米特留斯·维凯拉斯（Demetrius Vikelas，1835—1908年）为国际奥委会第一任主席，顾拜旦任秘书长。会议还决定从1896年起，每隔4年按古希腊奥运会传统，举办现代奥运会。国际奥委会（图3-4）的成立，标志着现代奥林匹克运动的诞生。

图 3-4　国际奥委会首任委员

1896 年 4 月 6—15 日，经过国际奥委会的艰苦努力，第 1 届现代奥运会在希腊雅典成功举行。来自美国的铅球选手 J. 康赖利（图 3-5）成为第一个冠军。最激动人心的场面出现在马拉松比赛中，当时只有 13 万人的雅典竟有 10 万余人夹道为运动员喝彩，希腊运动员斯皮里东·路易斯（Spiridon Louis，1873—1940 年）获得冠军后，全希腊为之沸腾。赛后他获得了"希腊民族英雄"的光荣称号。

图 3-5　现代奥运会第一个冠军——美国选手 J. 康赖利

第 1 届现代奥运会的召开是近现代世界体育发展史上划时代的事件和里程碑，标志着近现代体育进入全球化时代和更高的发展层次。

五、职业体育的兴起

19 世纪中后期，在资本主义商业文化大背景下，竞技运动的职业化和商业化发展趋势越来越明显。在现代竞技运动的发源地英国，由于体育比赛吸引了越来越多的观众，不少出身贫寒但又有运动天赋的平民子弟参加到板球、足球、拳击、网球、划船等比赛中，以分享门票收入、博彩收入和赞助费作为谋生手段和生活来源。这些以体育为谋生手段的运动员的出现，对英国的竞技运动形成了很大冲击。1866 年，英国业余体育联合会宪章对业余选手的身份做了明确的界定，这实际上也明确了职业运动员的身份与概念。此后，职业运动员越来越多地出现在西欧的各大体育赛事中。

美国的职业运动也出现较早。早在 19 世纪中前期，就出现了以赛马和拳击为职业的运动者。19 世纪中叶，棒球运动在美国开始流行。1869 年，辛辛那提红袜队（Cincinnati Red Stockings）成为世界上首支职业棒球队。1871年，全美职业棒球运动员联合会成立。1876 年，全国职业棒球联盟成立。1881 年，全美职业棒球联合会成立。1900 年，全美职业棒球联盟宣告成立。与职业棒球不同的是，美式橄榄球的职业化出现较晚。在 1887 年以前，这一运动主要在美国大学中开展，直到这一年成立美国橄榄球联合会和美国橄榄球联盟后，美式橄榄球才走向社会并出现职业球员。

第三节　近代体育在世界的传播与发展

从 17 世纪末开始，随着欧洲国家利用大航海时代对全球进行殖民化扩张，西方近代体育传播至世界各个地区。但因亚洲、大洋洲、非洲各个国家和地区情况有所不同，因而近代体育的传播发展的路线、方式和特点也各有不同。

一、近代体育在美洲的传播

17 世纪末，大批新教徒从欧洲陆续迁居美洲。在这一过程中，欧洲移民将九柱戏、溜冰、撞球、雪橇、滑雪、拳击、角力、赛马、划船、板球等许多体育项目带到了美洲大陆。而美国和加拿大因为与英国的关系，成为最早接受近代体育的国家。

北美原是英国的殖民地，1775—1783 年独立战争以后建立了美利坚合众国。19 世纪初，德国移民卡尔·贝克（Karl Beck，1798—1866 年）、卡尔·福伦（Karl Follen，1796—1840 年）等人将德式体操传入美国。在他们的带动下，成立了很多体操俱乐部。1850 年美国德式体操联盟成立，次年举办了第 1 届国民体操节。1861 年该联盟又创办了美国第一所体操师范学校，迪欧·路易斯（Dion Lewis，1823—1886 年）率先在学校开设了教师指导的体育课程。

19 世纪上半叶，竞技运动随着欧洲移民远传至北美，早期流行的项目主要是赛马和拳击等。19 世纪 40 年代，棒球运动在美国产生，1845 年成立了第一个棒球俱乐部，次年制定出了统一的棒球规则。19 世纪初期，英式橄榄球传入美国。19 世纪 40 年代，由英式橄榄球演变而来的美式橄榄球在耶鲁大学、布朗大学、哈佛大学、特里尼蒂大学等高校开展起来。南北战争（1861—1865 年）后，美国迅猛的工业化变革带动了城市化浪潮，竞技运动的教育功能和作为城市文化的重要价值为社会与联邦及各级政府所重视。体育场馆建设、体育专业教育、竞技运动的管理与组织、各种体育组织的建设和体育科研在这一时期获得快速发展。19 世纪 80 年代，随着第一个体育教学大纲的产生，各州相继制定和颁布了许多体育法令。与此同时，网球、高尔夫球、拳击、游泳、橄榄球、篮球、排球等项目的竞赛越来越普及，户外运动逐步取代了体操在学校中的首要地位，各项运动协会相继建立。由于深受民众特别是青少年的欢迎，竞技运动成为美国文化的重要组成部分。

在近代体育从欧洲向美洲乃至全世界传播的过程中，基督教青年会起到了非常重要的作用。这一组织于 1844 年在英国诞生，很快就在欧美各国发展起来。1855 年在巴黎成立了基督教青年会世界协会。根据 1866 年的章程，青年会的宗旨是"改善青年的灵魂、精神、社会和身体状况"。青年会高度重视文化和体育活动，要求每个城市青年会都设置体育部，推广体育活动。篮球、排球等许多体育活动都是青年会传播到世界各国的。对于许多殖民地半殖民地的落后国家，青年会既是体育文化的传播者，又是竞赛活动的组织者，同时还是早期体育师资和管理人员的培养者。基督教青年会在推广近代体育方面的贡献应当给予充分肯定。

南美洲在 16 世纪以来被来自西班牙、葡萄牙等国的殖民者占领。19 世纪上半叶至 20 世纪初，这些殖民地先后建立了智利、墨西哥、阿根廷、巴西、哥伦比亚、乌拉圭等十几个国家。这些以西班牙语和葡萄牙语为主的国家大多是发展中国家，因而像足球这种具有平民性质的运动尤其深受南美各国民众的欢迎和喜爱。

二、近代体育在亚洲的传播

19 世纪中叶，随着西方列强依靠"坚船利炮"侵入亚洲，近代体育逐渐传播到日本、印度、中国、菲律宾等国。

（一）近代体育在南亚和东南亚的传播

18 世纪中叶，英国趁莫卧儿帝国无力抵御外来侵略之机，把印度变成了殖民地。在英国侵略印度的初期，曾经利用印度人组建雇佣军，对他们进行军事训练，西方的军事技术和兵操因而开始传入印度。从 19 世纪 30 年代起，流行于英国的麦克拉伦体操逐渐进入印度，在一些国立和私立学校开展。从 19 世纪中期起，户外活动和竞技运动逐渐取代了体操的地位。到 19 世纪末 20 世纪初，担任体育教师的英籍教师把英国流行的曲棍球、橄榄球、板球、足球等运动引入中小学并深受学生欢迎。1908 年，美国人亨利·格雷在加尔各答创立了印度第一个基督教青年会，此后，青年会组织发展到全国各地。青年会在各大城市兴建运动场，将板球、曲棍球、篮球、排球、田径等运动传播至印度各地。

16 世纪 60 年代，菲律宾沦为西班牙的殖民地。19 世纪，随着一些英国人、德国人和法国人旅居菲律宾，菲律宾人开始接触近代西方体育。1902 年，美国人占领菲律宾后，带来了棒球、田径、排球和篮球等运动。其中，美国基督教青年会对近代西方体育在菲律宾的发展作出了重要贡献。1911

年，在青年会马尼拉分会负责人爱·布朗的促进下，成立了"菲律宾体育协进会"。这个组织为各类运动项目制定了统一的比赛规则，并推动了公共运动场所和娱乐设施的建设。此外，它还负责为菲律宾参加国际比赛选拔、训练运动员。在基督教青年会的促进下，远东体育协会于1911年11月成立，并于1913年2月在马尼拉举办了第1届远东运动会，为推动菲律宾乃至亚洲体育运动的发展作出了贡献。

（二）近代体育在日本的传播

近代体育在日本的传播与印度和菲律宾有着较大不同。明治维新前后，面对西方列强的威胁，部分爱国志士强烈要求向西方学习以求富国强兵。在此背景下，荷兰的步兵操最早被系统地介绍到日本。其后，英国和法国的兵操也相继传入。明治维新后，英国户外运动和竞技运动也受到日本教育界的重视。1872年，日本颁布了《教育基本法》，体操和兵操被列为学生的必修课。因为被认为是能促进"文明开化"和强健体魄的有效手段，德国的徒手体操和器械体操受到高度重视。1900年，瑞典体操经美国传入日本中小学校，成为体操课的主要内容。由于学校体操的迅速开展，师资一度十分缺乏。为了解决这一问题，1878年日本创办了第一个体操师资培训中心。

1876年前后，英国人克拉克把划船和田径项目介绍给日本大学生，近代竞技运动在日本逐渐普及。20世纪初，基督教青年会总干事布朗把篮球、排球和团体游戏传播到日本，并在日本青年中组织开展比赛。此后，足球、橄榄球成为日本初中、高中学校和工厂企业运动队的流行运动项目。进入20世纪后，日本的竞技体育开始走向世界。1911年，日本业余体育总会成立，并于1912年首次参加了奥运会，1913年又成为远东运动会发起国之一。到20世纪20年代后期，日本实际上已经成为亚洲第一体育强国。与此同时，日本也很好地传承了柔道、剑道、弓道、相扑等传统活动。

在近代西方体育向全世界传播过程中，日本教育家嘉纳治五郎（Kano jigoro，1860—1938年）对日本传统武技柔术进行了成功改造，并使之成为现代体育的组成部分，成为世界各国民族传统体育传承与发展的典范。嘉纳治五郎是日本明治到昭和时期伟大的教育家、体育家和日本柔道运动的创始人，也是国际奥委会首个亚洲委员。

明治十年（1877年），嘉纳治五郎在东京帝国大学（东京大学）上学时开始学习柔术。经过数年努力，技艺达到很高水平。他对各个柔术流派进行深入研究，博采众家之长，参照结合近代体育的理论与原则，制订了较为系统的训练方法，取消危险动作，将其创造成为包括投技、固技、当身技在内的一种新的现代柔道运动，并发明了以色带来区分段位的形式。在此基础上，他努力将柔道发展成为一种现代教育手段，通过柔道培养青年高尚的意志品质，并成功地将传统柔道改造成全世界非西方国家第一个国际化的体育项目。作为现代柔道运动的创始人，他也被称为"柔道之父"。

嘉纳治五郎对传统体育的成功改革意义重大。这一改革证明了各国的民族传统体育可以经过科学化改造成为现代体育的组成部分，这对于包括中国在内的亚洲各国传统体育的继承与发展具有重要的启迪意义。

? 问题与思考

1. 近代体育在欧洲兴起的时代背景是什么？

2. 近代体育的三大基石包含哪些内容？各自的特点是什么？

3. 英国户外竞技的特点是什么？在近代体育形成发展中的地位和作用如何？

4. 什么是"业余原则"？它出现的背景是什么？

5. 自然主义体育思想的主要内容是什么？

6. 马克思主义体育观主要内容有哪些？

7. 现代奥林匹克运动是如何产生的？

8. 简述嘉纳治五郎对日本近代体育的贡献。

拓展阅读书目

1. 乔治·维加埃罗，阿兰·科尔班. 身体的历史（全三卷）[M]. 张竝，赵济鸿，译. 上海：华东师范大学出版社，2013.

2. 颜绍泸. 竞技运动史 ［M］. 北京：人民体育出版社，1990.

3. 崔乐泉. 奥林匹克运动通史 ［M］. 青岛：青岛出版社，2008.

4. 皮埃尔·德·顾拜旦. 奥林匹克宣言 ［M］.《奥林匹克宣言》传播委员会，译，北京：人民出版社，2008.

5. 托尼·柯林斯. 体育简史 ［M］. 王雪莉，译. 北京：清华大学出版社，2017.

[名师讲堂]

外国近代体育（上）　　　　近代体育思想

现代奥运会的诞生　　　　职业运动的兴起

第四章

世界现代体育

　　世界现代体育，主要指第一次世界大战结束后至今的世界体育。20世纪上半叶，资本主义的危机进一步加剧，先后爆发了两次世界大战，并诞生了以苏联为首的一批社会主义国家。与此同时，在争取民族独立和解放的浪潮中，第三世界国家迅速崛起，成为国际社会一支重要力量。"二战"结束以来，世界处于一个相对长久的和平与稳定时期，为世界体育的发展提供了一个较好的外部环境。1991年苏联解体，标志着第二次世界大战以来东西方的"冷战"时代结束，从而改变了世界体育的面貌与格局。从20世纪60年代起，科学技术的发展与体育的大众化、全球化及商业化推动世界体育发生巨大变化，但也带来许多新的问题与严峻挑战。

第一节　20世纪上半叶的现代体育

20世纪上半叶，人类先后经历了第一次世界大战（1914—1918年）和第二次世界大战（1939—1945年）。战争给人类带来了深重的灾难，也给世界体育发展带来了毁灭性的影响和破坏。但在两次世界大战之间的20年间，现代体育也取得了突出的成就，主要表现为世界竞技运动迅速发展和苏联体育模式的产生与形成。

一、竞技体育的成熟与发展

在两次世界大战之间，虽然只有短短的20年和平时间，但世界竞技运动却取得了巨大成就。主要表现在以下几个方面。

竞技运动逐渐发展成为世界体育的主流形式。在第一次世界大战前，竞技运动的教育价值和社会功能已逐渐为欧美社会与体育界接受，成为学校体育的基本手段和内容之一。第一次世界大战结束后，由于德国的战败，德国体操包含的军国主义思想及其军训式的实践方式受到批判。欧美社会与教育界在竞技运动的教育功能上达成了共识，认为竞技运动不仅可以培养青少年对社会的适应能力、缓解生活压力，还在促进青少年健康成长、培养其独立思考能力和良好道德作风方面具有不可取代的作用。"一战"后欧美各国都大力提倡和开展竞技运动。第二次世界大战后，无论是在社会还是学校，竞技运动的主流地位已不可动摇。

世界竞技运动体系开始形成。以国际奥委会和各单项运动协会的建立为标志，一个世界竞技运动体系于20世纪上半叶开始形成。在组织上，形成以国际奥委会、国家和地区奥委会、国际单项运动协会、各国和地区单项运动协会为中心的世界性体育组织体系。在竞赛上，形成以奥运会、洲际运动会为标志的大型综合性赛事体系和各单项运动的国际赛事体系。

竞技运动项目制度与规则日趋完善。20世纪上半叶，各运动项目在组织建设、规则制定、运动竞赛管理、促进技战术发展和场馆设施标准制定等方面取得了突出成就。如田径短跑项目于 1936 年柏林奥运会时正式使用起跑器。球类运动的规则、技术、战术和场地设施也在这一时期日趋成熟。又如 1925 年足球制定越位规则。其他项目如篮球、拳击等，规则也都逐渐完善。运动项目的完善，有力地推动了各类运动竞赛的普及，使比赛更为激烈，扩大了竞技运动的影响，也吸引了更多的人来参与体育锻炼和观看比赛。

运动训练更趋于科学化和专业化。20 世纪上半叶，体育训练方法进一步科学化和体系化。随着运动成绩的提高，训练日趋专业化，专项训练方法和原则逐渐形成。20 世纪 20 年代中期，欧美各国开始采用围绕某一项目进行相关辅助练习的训练方法。20 世纪 30 年代这一方法演进为按奥运周期安排素质训练的"螺旋训练模式"，成为第二次世界大战后综合训练法的雏形。在 20 世纪 30 年代中期，训练负荷与休息问题也引起了运动科学家们的注意，并发展出间隙训练法，明显提高了中长跑和游泳成绩。这一时期，心理学关于区分个性心理和性格特征等方面的研究成果被用于指导训练实践，由此促进了运动心理学研究的开展。

二、苏联体育模式的产生与形成

1917 年十月革命胜利，诞生了世界上第一个社会主义国家，也开启了世界体育史的一个新纪元。随着社会主义制度的确立，苏联于 20 世纪上半叶进行了社会主义国家发展现代体育的尝试，产生了国家集中管理型的体育管理体制。这一体育体制为第二次世界大战后诸多社会主义国家的体育实践提供了经验。

1917 年十月革命胜利之后，苏维埃国家的领导人对劳动者身体健康问题予以高度重视。1918 年春，为了保卫新生的红色政权，大力开展体育工作成为一项重要的政治任务。1918 年，苏联成立了"普及军事训练委员会"，制定了《俄罗斯劳动学校章程》，拟订了《青少年学生体育大纲》。1919 年 10 月，遵照俄国共青团的有关决议，在各城市和地方建立了共青团委员会的运动部，其任务是在青少年中宣传与推动体育运动。1920 年 7 月 27—28 日，为庆祝第三国际第二次代表大会召开，在莫斯科红场举行了大型的文娱和体育表演。1925 年 7 月，为了解决社会主义制度下体育发展实践中出现的有关理论问题，联共（布）中央政治局开会对体育问题做了专门的研究，通过了《党的体育任务》的历史性决议。这是苏联体育史上最重要的决议之一，对苏联体育事业的发展产生了深远影响。

在国民经济恢复时期，苏联体育发展的基础较差，经费和场地设施严重不足，缺乏体育专业指导人员和实践经验。在这样的条件下，只有国家的集中管理才能把各部门和各社会组织的活动统一起来，保证苏维埃体育的快速发展。为此，1923 年 6 月 27 日，全俄中央执行委员会成立了最高体育委员会，负责协调全国的体育运动管理事务。鉴于仅具有协调职能的最高体育委员会不符合新的形势与苏联蓬勃发展的体育事业的需要，1929 年 11 月 23日，联共（布）中央委员会做出决议，建立了由苏共中央执行委员会领导的全苏体育委员会。为了进一步加强对体育运动的监督和领导，1936 年 6 月，苏联政府又决定成立苏联人民委员会隶属的"全苏体育运动事务委员会"。全苏体育运动事务委员会的成立，标志着以政府集权管理为特点的苏联体育体制的确立。这一体育体制是社会主义国家特有的国家直接管理型体育体制，在第二次世界大战后对东欧和亚洲新生的一批社会主义国家的体育体制产生了重要影响。

苏联刚进入和平建设时期就重视学校体育工作的开展。1923 年，体育最高委员会便要求全苏学校必须开设体育课。同年，在全苏最高体育委员会的直接参与和指导下，制定并通过了《学校体育教学法基本条例》。1930 年，苏共中央与苏联政府颁布了有关在学校中"全面开设体育必修课"的法令。为了配合这一法令，全苏教育委员会主持制定了新的体育课教学大纲，并确定了教材的常规要求。这一法令颁布以后，全苏学校都统一开设了独立的体育课程。

为进一步促进学校体育和社会体育的开展，培养社会主义的建设者和保卫者，1931 年 3 月，苏联体育运动委员会颁布了《准备劳动和保卫祖国体育制度章程》（简称劳卫制）。1931 年颁布了一级劳卫制标准，包括跑、跳、投掷、游泳等 15 个达标运动项目及一些有关体育理论、军事知识、自我控制、自我救护等方面的知识。1933 年，颁布了劳卫制二级标准。1934 年又颁布了"劳卫制预备级"。1939 年，颁布了上述各级劳卫制的改订标准，使这一制度更为完善合理。劳卫制的颁布对推动苏联体育运动的发展起到了巨大作用，成为苏联学校体育和社会体育发展的共同标准与依据，也对后来包括中国在内的诸多社会主义国家体育发展产生重要影响。

竞技运动在苏联体育中占主导地位。十月革命之后竞技运动很快在群众中恢复并开展起来。1922 年国内战争结束后，苏联各地和一些加盟共和国开始举办地区运动会，还举办了一些全国性的单项运动会。1923 年和 1924 年，分别举办了第 1 届、第 2 届全苏体育节。1928 年，举行了第 1 届全苏运动会。这是苏联体育史上最重要的运动会之一，其规模在当时世界上也是罕见的。20 世纪 30 年代，苏联虽然没有参加奥运会和绝大多数国际体育组织，但其取得的运动成绩却举世瞩目。如 1938 年有 21 个成绩进入了当年世界 50 个优秀成绩之列；在 1939 年的 50 名世界优秀运动员中，苏联运动员便占了 36 名。这些都为"二战"后苏联在奥运舞台和国际赛事中取得成功打下了坚实的基础。

第二节　"二战"后的世界体育

从 1945 年第二次世界大战结束到 1991 年苏联宣布解体，以苏联为代表的东方社会主义国家阵营与以美国为首的西方资本主义国家阵营进行了长达半个世纪的"冷战"。国际政治力量的角逐成为支配 20 世纪下半叶世界体育发展的主要因素之一。

一、苏联与东欧社会主义国家的体育体制

"二战"后，世界进入了长达半个多世纪的"冷战"时代。两大阵营除了在意识形态、社会制度及经济、军事等领域力图压倒对方以外，还将体育，尤其是奥运会等重大国际赛事作为压倒对方、体现其制度和意识形态优越性

的重要阵地。由于两大阵营在意识形态、经济基础和社会制度上的差异，形成了东西方不同的体育发展模式与道路。"二战"后，为了在体育领域与西方国家竞争，以苏联为首的一批社会主义国家充分发挥和利用了其社会制度的特点和政府集权的优越性，在大力发展群众体育的基础上，优先发展竞技体育，并在国际赛场上取得了巨大成就。

"二战"后，苏联等社会主义国家的参与，对奥运会等国际组织与赛事的发展产生了深远影响。"二战"前，苏联将奥运会视为西方资本主义国家政治的产物和"资产阶级体育"的象征，采取不与国际奥委会合作的政策。"二战"结束后，随着两大阵营的形成与"冷战"的开始，苏联领导层开始对奥运会产生浓厚的兴趣。1951年5月，国际奥委会第46届维也纳年会作出决议，接纳苏联为国际奥委会会员。此后，东欧诸国也先后与国际奥委会恢复或建立了关系，社会主义阵营正式登上了奥运会舞台。奥运会和国际体坛正式进入了两大意识形态集团竞争的时代。

为了实现在奥运会及其他重要国际赛事中战胜西方、夺取优异成绩这一目标，苏联在原有的政府主导型体育体制基础上，强化了对竞技体育的直接管理，形成了新的以竞技体育为中心的体育体制。这一体制使苏联在奥运会等国际赛场中迅速取得巨大成就。如1952年苏联首次参加在赫尔辛基举行的第15届奥运会上，便一举取得了金牌总数第二的成绩，震撼了国际体坛。此后，苏联不仅一直是奥运赛场上的霸主之一，而且在各类单项运动国际赛事中也成就斐然。

东欧及亚洲各社会主义国家在"二战"后也先后仿效苏联的做法，建立了类似的体育管理体制，实行政府对体育进行直接管理和领导。如阿尔巴尼亚（1948年）、保加利亚（1948年）、罗马尼亚（1950年）、捷克斯洛伐克（1950年）、波兰（1950年）、匈牙利（1950年）、民主德国（1952年）等。这些国家按照苏联的目标与模式，大多将竞技体育的发展和在奥运会上夺奖牌作为其体育发展战略的重点。同时，在学校体育课程和教材、青少年业余体育运动学校、专业性的运动队、奥林匹克选手选拔和集训制度、运动员等级制度和运动员奖金制度等方面也采用苏联模式。为了与以美国为首的西方国家竞争，社会主义国家还在竞技体育项目上进行了分工。其中很多国家如东德、南斯拉夫、匈牙利、波兰等在不同的运动项目上都位居世界前列。

苏联和东欧社会主义国家在奥运会上的巨大成功既显示了政府集中管办竞技体育体制的优越性，也掩盖了这一体制带来的缺陷。一直到20世纪80年代中期，苏联才开始对其体育体制和政策进行反思。如过分突出体育的政治功能而导致了国家包办体育事业；一些国家政府和体育界过分追求运动成绩而导致服用兴奋剂现象发生；过分强调竞技体育优先而忽略了大众体育的发展；体育机构人浮于事，效率低下；从儿童时期就开始的选拔、集训和淘汰制度给运动员的成长带来沉重压力，同时也造成了教育、就业等社会问题；计划经济的体育体制一方面让政府背上了沉重的经济负担，另一方面却又造成体育发展经费的严重不足等。随着各种矛盾和问题的日益突出与累积效应，体制上的缺陷和弊端逐渐成为苏联等国家体育事业健康发展的严重束缚和阻碍。至20世纪80年代末，随着各种社会矛盾的激化，苏联及其他东欧社会主义国家的体育已经面临不进行改革就难以为继的困境。

二、"二战"后欧美国家的体育体制

以美国为首的西方国家在"二战"后资本主义、社会主义两大阵营长期对峙局势的影响下，加强了对体育的重视。但是，由于制度的原因，欧美各国政府不参与竞技运动的事务与管理，而是在青少年的身体健康和大众体育发展方面建立相应的体育管理体制。

为了遏制青少年体质下降，1955年美国成立了总统青年体格健全委员会，联邦政府要求在各级学校增加学生参加锻炼的时间，建立完善的学校体育制度与规范。英、法等国为解决兵源问题，通过举办体育夏令营、体育沙龙等形式，在青少年中大力提倡和开展体育运动。瑞典建立了5000多个体育和娱乐俱乐部。1957年苏联成功发射人造卫星后，欧美各国朝野对教育和科学政策进行反省，更加重视体育在教育和青少年培养中的价值与作用。美国卫生、体育与娱乐学会在总统的支持下推行了美国青年体格健全计划，对青少年进行广泛的体能测试。欧洲各国也陆续建立完善了体能测试制度。

在"冷战"背景下，两大意识形态集团在体育领域的激烈竞争导致了国际体坛的高度政治化，对欧美国家的体育体制产生了深刻影响。一方面，由于社会制度和文化传统的因素，这些国家的政府一般不直接控制和管理体育，但另一方面，各国政府又

体育管理
体制

通过不同的方式和手段来影响和干预体育的发展。由于国情不同，各国的体育体制和发展模式又有差异，形成了社团主导型、政府委托型、政府指导型等不同的体育管理体制。

随着竞技运动的商业化趋势日益严重，西方资本主义国家体育暴露出很多问题，包括种族主义、歧视妇女、过度追求商业利益、赌博、贿赂、球场暴力、服用违禁药品等。这些都对体育的健康发展造成了极大的伤害，成为世界体育发展的毒瘤。

三、奥林匹克运动的发展与危机

"二战"以后，随着国际体育合作日渐紧密，竞技运动在世界范围不断扩大和发展。在国际奥委会和世界单项运动组织的领导下，形成了一个以奥运会为最高层次、以各运动项目的国际和洲际锦标赛为中心的国际体育赛事体系。在战后奥运会的发展中，发生了很多影响深远的事件。

（一）"二战"后首次奥运会的成功

第14届夏季奥林匹克运动会于1948年7月29日—8月14日在英国伦敦举办。这是因"二战"中断了12年后首次举行的奥运会，成为全世界经历长期战争苦难后重享和平友谊的标志。"二战"后不少摆脱了殖民统治的新兴国家应邀参加了奥运会，使该届奥运会参赛国家和地区达到创纪录的59个，参赛运动员共4062人，其中女子385人，均创奥运会的纪录。日本和德国作为战败国被禁止参加此次奥运会。由于战争的影响，这次奥运会仅破了4项世界纪录，是历届奥运会最少的，这更彰显了战争对人类和体育的创痛与和平的珍贵。

（二）1964 年东京奥运会实现全球卫星直播

第 18 届夏季奥林匹克运动会于 1964 年 10 月 10—24 日在日本东京举办。93 个国家和地区参加了该届赛事。参赛运动员达 5151 人，其中女运动员 678 人。比赛项目分为 19 个大项，163 个小项。该届奥运会的主体育场是东京奥林匹克体育场。这是奥林匹克运动会第一次来到亚洲，也是日本第一次进入奥运会奖牌前三。这届奥运会最重要的事件之一是日本政府租用了美国"辛巴姆"地球同步通信卫星，首次实现了全世界电视同步直播奥运会赛事节目，从而开启了体育赛事电视全球直播时代。

（三）1968 年墨西哥城奥运会的"黑拳头事件"

第 19 届夏季奥林匹克运动会即 1968 年墨西哥城奥运会，1968 年 10 月 12—27 日举行。应邀参赛的有 112 个国家和地区（当时国际奥委会会员 125 个），这是奥运会参赛单位首次突破 100 个。参赛运动员 5516 人，其中女子 781 人。本届奥运会上发生了反种族歧视斗争的"黑拳头事件"。在本届奥运会田径男子 200 米颁奖典礼上，美国短跑健将汤米·史密斯和约翰·卡洛斯在领奖台上低着头，高举戴着黑手套的拳头（图 4-1），以抗议世人对

图 4-1 "黑拳头事件"

黑人的歧视。这不但是奥运会史上令人难忘的一幕，更是美国民权运动的一个里程碑。

（四）1972 年"慕尼黑惨案"

1972 年 8 月 26 日，第 20 届奥运会在联邦德国慕尼黑召开。这是当时奥运史上规模最大、耗资最高的盛会。

9月4日凌晨，8名阿拉伯"黑九月"组织成员混进奥运村以色列运动员驻地，开枪打死两名运动员，绑架了9名运动员作为人质。面对这一突发情况，联邦德国警方毫无准备。在谈判未果后，警方决定发起突击行动解救人质，但最终解救行动失败。在枪战中，5名恐怖分子被击毙，但在场的9名以色列运动员人质全部被害。连同在运动员村被杀害的两名运动员，此次事件中共有11名以色列运动员被害。直到9月7日，奥运会才恢复比赛。这就是震撼世界的"慕尼黑惨案"。"慕尼黑惨案"使奥运会和国际重大赛事笼罩在恐怖主义阴影下，促使世界各国联合应对打击国际恐怖主义。此后，国际赛事的组织者都高度重视安保问题，也使举办奥运会和大型赛事的安保成本飙升。

（五）1976年第21届夏季奥运会与"蒙特利尔陷阱"

1976年第21届夏季奥运会在加拿大的蒙特利尔举行。蒙特利尔市从1940年起就多次申办奥运会，终于在1970年获得了第21届夏季奥运会的主办权。为了办好这届奥运会，组委会开辟奥林匹克中心，新建大型体育场、游泳池、自行车场、奥运村等设施，并采用了许多高科技成果，由此也带来了巨大的开支。加之当时国际奥运会并未有意识地进行市场开发，最终导致这届奥运会出现了巨大的财政危机。1976年蒙特利尔奥运会的花费远远超过预算。巨额赤字成了蒙特利尔市民们的噩梦，他们为此增加了一项纳税，到20世纪末才还清债务。这就是奥运会历史上影响深远的"蒙特利尔陷阱"。这一结果使国际奥林匹克运动面临前所未有的危机和挑战，严重影响了1984年奥运会的申办，最终导致了20世纪80年代萨马兰奇的改革。"蒙特利尔陷阱"是继"慕尼黑惨案"后的一个财政恐怖事件，它也成了财政灾难的代名词。

（六）1984年洛杉矶奥运会与"尤伯罗斯模式"

蒙特利尔奥运会的财务失败，导致1984年第23届奥运会申办过程中原拟申办的城市纷纷退出，仅剩美国洛杉矶市一个城市申办。由于民间反对声音，美国国会、加州和洛杉矶议会作出决议，不允许联邦政府和地方政府出资补贴本届奥运会，加之美国法律禁止发行彩票，因而，本届奥运会被迫交予民间招标筹办，一切资金自行筹措。这是自1896年现代奥运会创办以来首次由民间承办的奥运会。

在组委会主席尤伯罗斯（Peter Ueberroth，1937— ）领导下，洛杉矶奥组委采取了新的商业模式来筹措资金：包括与企业集团订立资助协议；出售电视转播权和比赛门票；压缩各项开支，充分利用现有设施，尽量不修建体育场馆；不新盖奥运村，租借加州两座大学宿舍供运动员、官员住宿；招募志愿人员为大会义务工作等。在组委会的努力下，这届奥运会一举扭转了前几届奥运会巨额亏损的情况，最后还获利2.5亿美元，成为一届圆满的奥运会。洛杉矶奥运会不仅开启了运用商业营销手段举办奥运会的先例，还开启了世界体育发展的商业营销模式和体育产业时代。这就是著名的"尤伯罗斯模式"。

洛杉矶奥运会的成功标志着奥运会商业化时代的正式开启。奥运会由于具有拉动经济、吸引眼球，甚至直接赢利的巨大商机，因此成为众多城市争办的香饽饽。为进一步提高奥运会的影响力，国际奥委会修改了"业余原则"，开始允许高水平职业运动员参加奥运会。1988年奥运会上网球成为正式比赛项目，成为奥运会容纳职业选手的里程碑。其后，奥运会向职业拳击等少数项目之外的所有职业选手敞开了大门。1992年巴塞罗那奥运会上"飞人"乔丹领衔的"梦之队"倾倒世界，奥运会真正成为展示世界体育运动最高水平的舞台。

四、"二战"后世界学校体育的发展

"二战"结束后，鉴于战争的经验和教训，世界各国都对青少年健康与身心发展十分重视。各国政府采取了各种手段和措施来促进学校体育的发展。尽管各国国情不同、措施各异，但在政府的高度重视和全社会的关怀下，学校体育获得了较大发展。

欧美各国在战后深感青少年健康是关系国家命运和前途的大事，因而更加重视国家和政府在促进和指导学校健康和体育方面的作用。美国联邦政府于 1956 年成立了专门负责青少年身体、文化和道德的总统委员会。1980 年，卡特总统要求各州设立州长直属的体育发展机构来推动学校体育运动、完善体育设施和运动场馆建设。由于联邦政府与各州政府的高度重视，美国的中小学和大学在战后修建了大量体育设施和场馆，学校体育活动开展得十分活跃。这对推动美国学校体育和竞技体育的发展起到了重要作用。

欧洲各国也采取了相应措施来促进和改善本国的学校体育工作。欧洲委员会多次召开会议，专门研究青少年体育发展的政策制定问题。如 1976—1978 年，召开了"学校体育情况研讨会"；1985 年召开了"小学体育和竞技运动教育研讨会"等。在这些会议中，欧洲委员会强调促进儿童身体的和谐发展，抵制对儿童身体进行任何形式的非法利用，要求保证青少年拥有一个非常适宜和完善的体育管理环境，并强调父母、老师、教练员、青少年部门、当地社区等相关社会角色对促进青少年健康和体育活动的重要性。

"二战"后欧美国家政府对学校体育教学手段与内容进行改革，各国基本摒弃了"二战"前普遍在学校实施的军事训练和传统体操，转而开展深受广大青少年喜爱的各种田径、球类、体操等竞技运动项目。同时强调，通过体育课和课外活动来培养青少年的个性、情感和团体意识，注重体育的健身和娱乐功能。

"二战"后欧美各国重视学校体育组织和团体在开展和推动体育活动和比赛方面的主导作用。由于战后高校体育越来越多地采用商业化机制和手段，给高校体育的管理来了许多新的问题，因此，欧洲和美国的高校对体育管理越来越重视，以往高校学生自治型的管理模式逐渐为学校直接管理模式所取代。其中，以美国的学校体育管理演变最为典型。如美国大学体育协会（NCAA）是由美国和加拿大上千所大学加盟的体育组织，分为三个等级与十个联盟，覆盖了 30 余个运动项目，对推动和组织全美大学生橄榄球、篮球、棒球、冰球、排球、曲棍球、网球、水球、田径、体操、划船等运动的开展起到了核心作用。欧美的高中也很重视青少年各项运动的开展与能力培养。总体而言，欧美国家在推动和开展以"学生自治"和联盟——俱乐部制的学校体育制度方面是成功的。这些运动项目的普及与开展也成为欧美国家教育的特色之一。

在苏联和东欧集团国家，"二战"后苏共中央和苏联政府做出了一系列决议，要求在学校推行劳卫制锻炼标准，改进学校体育，促进青少年健康。如从 1956 年起开始举办"奥林匹克希望"运动会，从 1962 年开始举办"金色冰球与皮球"赛事，从 1966 年开始举办"健与美"比赛等。1972 年，颁布了新的劳卫制，使学校体育更加规范化和标准化。以苏联为榜样，东欧各国采取了相似的措施来促进本国学校体育的发展，以提高青少年的体质健康。

亚洲、非洲、南美洲广大发展中国家虽然国情不同，体育发展的情况也各有不同，但在"二战"以后的民族解放和国家独立浪潮中，都不约而同地将发展教育和体育作为民族振兴和国家发展的重要组成部分，并取得了显著成就。南美的巴西、阿根廷、乌拉圭等国重视青少年运动才能的培养，因而得以在足球、篮球等运动项目上一直处于世界强国之列，许多球星成为民族的英雄和榜样。而印度、巴基斯坦及印度尼西亚等国也注重在学校和青少年中开展板球、曲棍球、羽毛球等，使本国在这些项目上也长期位居世界前列。

五、"二战"后世界大众体育的发展

"二战"以后，随着生产力的发展和经济的增长，欧美各国生活水平普遍提高，闲暇增加，社会大众对健康、休闲、娱乐的要求日趋高涨。一方面，现代社会的高节奏、高压力生活方式使人们需要更多的体育与娱乐来缓解身心压力；另一方面，战后欧美各国政府对推动大众体育予以高度重视，制定了促进大众体育发展的措施，修建了大量公共体育场馆和健身设施，从而促进了战后大众体育的迅速发展。

20 世纪大众体育理念的提出，可追溯至 19 世纪马克思、恩格斯提出的"体育为无产阶级大众健康服务"的观念，以及 1919 年 1 月现代奥林匹克运动之父顾拜旦提出的"体育为大众"（All Sports for All）的口号。第二次世界大战结束后，欧美左翼运动在一定程度上继承了马克思阶级学说，关心劳动阶层的生活状况改善和身体健康的提高，提出了"体育是一种人权"的思想，从而为战后大众体育理念的提出与实践的发展提供了理论基础和舆论条件。

与此同时，"二战"结束后东西方各国政府出于对战争经历的反思和"冷战"时代政治、经济、军事诸方面的考虑，也采取了各种政策和措施促进大众体育和健康事业发展，如加大对公共体育设施的投入、加强对大众体育的管理、将大众体育作为促进社会稳定和发展的工具等。

国际奥委会、世界卫生组织、联合国教科文组织、国际健身与大众体育协会、国际大众体育协会等国际组织也在推动世界大众体育发展方面起到了重要作用。在国际奥委会的倡议下，许多国际单项体育联合会及各国奥委会也设立了大众体育委员会。

20世纪60年代至70年代，针对当时欧美体育界普遍存在的阶级、民族、种族、性别、职业等方面的歧视和不平等现象，追求体育运动中的平等权利成为大众体育的主要目标。成立于1946年的世界卫生组织（WHO）在其章程中提出，"健康是每一个人最基本的人权，而不论其种族、性别、宗教与政治信仰、经济或社会地位如何"。世界卫生组织倡导的"国际健康为大众运动"是人类历经两次世界大战的惨痛经历反思后的结果，它也进一步夯实了国际大众体育运动发展的理论基础。1966年，欧洲理事会由下属的"继续教育与文化发展理事会"对"大众体育"的定义和宗旨进行了阐述，提出："大众体育旨在帮助所有公民，不论年龄、性别、职业与贫富，认识和理解体育的价值，促使人们终生积极参加各种体育活动。"1975年，欧洲体育部长会议发表了《欧洲大众体育宪章》。其中明确提出："人人都有参加体育活动的权利。"

1978年11月21日，联合国教科文组织大会第20次会议在巴黎召开。大会一致通过了《国际体育宪章》。《国际体育宪章》是联合国教科文组织发表的国际体育共同宣言和准则，是20世纪体育思想发展的重大成就和里程碑。它与《奥林匹克宪章》一道成为指导世界当代体育运动发展的两大纲领性文件。

《国际体育宪章》

《国际体育宪章》立足于维护体育运动中的基本人权和人的体育权利，提出参加体育运动是所有人的一项基本人权，提倡终身教育中的体育要素，反对任何体育运动中的异化行为和违反体育伦理道德的现象，要求各国政府在体育运动中起到主导作用。这些都为世界体育运动的发展确立了共同的思想原则与价值基础，从而对世界体育运动的发展产生了巨大而深远的影响。

第三节　竞技体育的商业化

20 世纪 80 年代以来，由于世界经济的高速发展和大众传媒的推动，形成了规模巨大的全球体育产业市场。这一新兴产业市场的形成深刻地改变了世界体育的面貌，推动了新的体育革命，成为世纪之交世界体育发展新的动力与引擎。但与此同时，体育的商业化也带来了很多新的问题与挑战。

一、竞技体育进入商业化时代

体育作为一类产业的出现最早可以追溯至 19 世纪中后叶兴起的英国职业足球和美国的职业棒球。20 世纪以来，以欧美国家的足球、篮球、橄榄球、棒球、网球、拳击、汽车等职业赛事及大众健身娱乐活动为主体，逐渐形成了以体育比赛、运动休闲、体育产品与服务及各类体育组织、中介机构和营销公司为中心的新型产业门类。但是，直至 20 世纪 80 年代之前，各国的体育产业规模较小、影响不大，多限于出售比赛球票等商业活动。

20 世纪 80 年代以来，全球经济的快速增长、城市文化和职业体育的迅猛发展，以及卫星电视对体育赛事的直播，推动欧美体育产业迅猛发展。以世界上体育产业最发达的国家美国为例，据有关统计，1988 年，美国的体育产业产值已达到 630 亿美元，约占当年美国国民生产总值的 1.5%，在国民经济各大行业中居第 22 位。

20 世纪 90 年代中期，美国体育产业的总产值已经超过了 3000 亿美元。在体育产业发达的北美、西欧和日本，体育产业的年产值已经进入国内十大支柱产业之列。早在 2000 年，全球体育产业的总产值就高达 4000 亿美元，并以平均每年 20% 的速度增长。澳大利亚、加拿大、日本、英国、德国、法国和意大利等发达国家的体育产业，总产值占国内生产总值（GDP）的 1%～

1.5%。根据 2019 年的统计数据，全球体育产业在过去 3～5 年的平均增长率为
7.4%，预计未来 3～5 年全球体育行业增长率将下降至 6.4%，体育产业增长
将逐渐趋于稳定。

体育的商业化、职业化和产业化为世界体育发展提供了前所未有的强大
动力，也成为世界经济新的增长点。从 20 世纪 70 年代起，世界体育产业发
展迅猛，规模日益扩大，深刻改变了现代体育的面貌和发展进程。

二、跨国传媒集团对世界体育发展的影响

从 20 世纪 80 年代起，跨国体育传媒集团成为推动全球体育发展的重要
因素。这些跨国体育传媒大多拥有自己的体育电视媒体，以直播各类体育赛
事为主，同时经营报纸、杂志、网站、影视等多种媒体。美国娱乐与体育电
视网（ESPN）、美国有线新闻网（CNN）、美国时代华纳传播公司、美国福
克斯电视网、英国天空电视台等都是跨国传媒集团的翘楚与代表。

跨国体育传媒集团拥有雄厚的资本实力、强大的传媒组织机构和传播技
术平台，通过购买高水平体育赛事的电视转播权和职业体育俱乐部，以获取
高额的电视广告收入和卫星有线付费电视收入，进而对这些赛事及运动项目
施加影响与控制。跨国体育传媒集团与体育组织的合作推动了全球体育表演
产业链的形成与兴盛，使体育组织因出售电视转播专利而获得巨额资金来购
买高水平运动员，打造高水平赛事，以此来吸引观众，形成规模巨大的广告
市场和赛事营销市场。跨国传媒集团与体育组织的合作推动了 20 世纪 80 年
代以来全球体育竞赛表演业的繁荣，使奥运会、世界杯足球赛、欧洲足球锦
标赛，以及英、意、德、法等国的足球联赛和美国四大职业联盟（橄榄球、
棒球、篮球、冰球），F1 汽车方程赛，四大网球公开赛等成为全球性的顶级
商业赛事。

跨国传媒集团对全球体育赛事的深度介入虽然带来了全球竞技体育表演
业的繁荣，但也引发很多问题，包括文化霸权主义、传媒集团对体育赛事与
体育事务的控制与干涉、竞技表演业的过度商业化等。如"默多克的传媒帝
国"就因垄断英超转播权、购买多支英超球队和企图打造欧洲足球"超级赛

事"等引发巨大争议。

三、体育商业化带来的问题与挑战

20 世纪下半叶，在现代传媒尤其是电视媒体的推动下，体育的商业化和职业化迅速发展，带来了世界体育产业的繁荣。但与此同时，体育商业化也带来了很多新的问题，如

博斯曼事件

"博斯曼"法案的出台，将欧洲中小足球俱乐部推向深渊，俱乐部的贫富差距不断拉大。此外，体育的商业化引发了诸多公众关注的重大事件，更是让世界体育发展的前景蒙上阴影。

海瑟尔惨案。1985 年 5 月 29 日，欧洲冠军杯足球赛决赛中，发生了震惊世界的海瑟尔惨案。当时英国利物浦队与意大利尤文图斯队在布鲁塞尔海瑟尔体育场进行的欧洲冠军杯决赛中，因足球流氓闹事引发球迷骚动导致看台倒塌，当场压死 39 名观众，并有 300 多人受伤，造成了举世震惊的"海瑟尔惨案"。赛后所有的英国球队被禁止参加欧洲的赛事长达五年，利物浦则长达七年。这一事件也导致"足球流氓"受到欧洲各国的关注并采取措施予以打击。

本·约翰逊（图 4-2）兴奋剂事件。本·约翰逊是加拿大田径短跑运动员。他在 1987 年罗马田径世界锦标赛上以 9 秒 83 的成绩夺得 100 米金牌，并打破了世界纪录。1988 年汉城夏季奥运会上，他以 9 秒 79 的惊人战绩获得 100 米金牌并再次打

图 4-2　本·约翰逊在汉城奥运会 100 米决赛
起跑

破世界纪录，但随即被查出使用了兴奋剂而被剥夺成绩并禁赛两年。这一事件成为奥运史上最大丑闻之一，也使世界体坛认识到了兴奋剂的危害性与严重性。

希尔斯堡惨案。1989 年 4 月 15 日，在英国谢菲尔德希尔斯堡体育场举行的利物浦队与诺丁汉森林队的足总杯半决赛中，由于球场结构问题和组织秩序混乱，发生了严重的球迷踩踏事件，致使 96 人丧生，200 多人受伤。直至 2016 年 4 月 26 日，英国高等法院陪审团才裁定，踩踏事故发生的原因是南约克郡警方玩忽职守，现场的组织、管理和控制不力，最终导致人群失控，相互踩踏酿成惨剧，当年遇难的 96 名球迷是被"非法致死"的。

超级碗事件。2004 年在美国休斯敦举行的"超级杯"橄榄球总决赛的演出中，女歌星珍妮·杰克逊（著名摇滚巨星迈克尔·杰克逊的妹妹）与男歌星贾斯汀·汀布莱克同台演出时，出现了珍妮·杰克逊的不雅形象并通过电视直播被上亿观众看到。由于"超级碗"被认为是美国一年一度最盛大的节日，比赛的电视转播也是全美收视率最高的节目，因而这一事件立即在美国引发公众舆论的强烈反响。事后美国联邦传播委员会对负责转播的哥伦比亚广播公司进行了处罚。乔治·布什总统为此专门签署法案，规定电视直播节目必须延时 3 秒播出以避免电视色情行为发生。珍妮·杰克逊本人被电视台封杀，其演艺事业从此一落千丈。

意甲"电话门事件"。2005 年，意大利足球甲级联赛爆出了尤文图斯等球队控制裁判选定打假球事件。因这一事件的爆发起因是电话被录音成为证据曝光，故称"电话门"事件。2006 年 5 月 4 日，《米兰体育报》刊登了尤文图斯俱乐部总经理莫吉与意甲裁判指定员之间的通话内容。证据表明，莫吉涉嫌操纵比赛裁判员的人选，以达到控制比赛结果的目的。消息传出立即引起轩然大波。5 月 8 日，意大利足协主席卡拉罗辞职，检察院开始介入调查。2011 年 11 月 9 日，法院对"电话门事件"进行了一审宣判，多达 26 人被起诉。前尤文图斯俱乐部总经理莫吉被判处 5 年零 4 个月有期徒刑。这一事件导致尤文图斯队成绩取消，被降级至乙级联赛。涉案的 AC 米兰、佛罗伦萨、拉齐奥等球队也受到处罚。"电话门"事件使曾经有"小世界杯"美誉的意甲联赛形象遭受严重打击，从此一蹶不振。

以上事件仅是 20 世纪下叶以来世界体坛发生的重大丑闻中的几例。它们表明，体育的商业化和产业化虽然为世界体育带来繁荣，但也引发了各种新的问题。如何避免过度商业化对体育造成的危害，是摆在国际体坛面前的长期任务和难题。

第四节　奥林匹克运动的改革与发展

"二战"后，国际奥林匹克运动面临一个新的世界格局。20 世纪 50 年代开始，东西方两大阵营的"冷战"对奥林匹克运动造成了很大困扰。亚洲、非洲、南美洲大批新兴国家的独立使国际奥林匹克大家庭扩大的同时，也带来了很多新的问题。国际奥委会为了保持自己的传统和独立性，一度坚持封闭政策与业余原则，拒绝任何商业化行为，在政治上奉行不与政府打交道、独立于政治之外的原则，以至于 20 世纪 60 年代至 70 年代在政治、经济等各方面都遇到了很大困难。

一、萨马兰奇的改革

20 世纪 80 年代，萨马兰奇（Juan Antonio Samaranch Torell，1920—2010年）担任国际奥委会主席后，正值"蒙特利尔陷阱"导致申办第 23 届奥运会的遇冷和因苏联入侵阿富汗致使 1980 年莫斯科奥运会遭遇政治抵制的困境。面对国际奥委会的困境，萨马兰奇大胆地实施改革，采取一系列措施使国际奥委会由封闭走向开放。在他的努力下，第 23 届洛杉矶奥运会引入商业化机制并取得成功。第 24 届汉城奥运会女子网球运动员格拉芙作为职业运动员身份首次出现在奥运会赛场上。第 25 届巴塞罗那奥运会上全球亿万观众通过卫星电视观看了美国职业篮球运动员组成的"梦之队"的表演，从而宣告了国际奥委会以前一直坚守的"业余原则"的终止。

为了适应新的发展需要，萨马兰奇领导下的国际奥委会实施了一系列改革计划，包括扩大委员名额，增加亚非第三世界国家的委员、运动员委员和妇女委员；建立主席常驻总部制度；增加和强化各专门委员会；设立体育仲裁法庭；国际委员会在瑞士注册，使之具有法律身份和地位等。与此同时，国际奥委会还加强了与各国政府之间的联系，注重与各国奥委会和各国际单项体育组织之间的协调。

通过一系列大胆的变革与措施，萨马兰奇成功改造了国际奥委会和奥运会，使之重新充满活力，功能大大增强，使国际奥林匹克运动在20世纪90年代走向了全面繁荣。萨马兰奇也因此殊勋而被尊为"现代奥运会改革之父"。

二、"盐湖城丑闻"与国际奥委会改革深化

1998年底，美国盐湖城冬奥会申办委员会爆出贿选丑闻。这一事件使国际奥委会和萨马兰奇面临前所未有的巨大困境，也直接促进国际奥委会进一步对自身进行改革。

为了尽快平息盐湖城丑闻，清除国际奥委会内部的腐败分子，挽回这一事件对国际奥林匹克运动造成的严重影响，以萨马兰奇主席为首的国际奥委会采取了果断措施。1999年3月17—18日，国际奥委会召开了第108次非常全会，在全面调查的基础上对涉及贿赂案件的委员进行严肃处理。来自利比亚、芬兰、肯尼亚、斯威士兰的4名国际奥委会委员被迫辞职。来自厄瓜多尔、苏丹、刚果、马里、智利、西萨摩亚的6名国际奥委会委员被开除。同时还有9名委员被警告。这些严厉的处罚，是国际奥委会百年历史中前所未有的。

为了避免类似事件再度发生，国际奥委会还对国际奥委会委员的行为规范标准、委员人数及结构、委员遴选程序、委员退休年龄、奥运会的比赛项目、奥运会举办城市申办与遴选程序、定期公布国际奥委会资金流动状况等，都做出了重要的改革和决定。

盐湖城丑闻所导致的国际奥委会危机，反映了国际奥委会原有的组织结构和工作程序难以适应20世纪80年代以来奥林匹克运动的急剧发展变化。尤其是奥运会引进了商业运作机制和允许职业运动员参赛后，带来了很多新的问题。如举办奥运会为举办国和举办城市所带来的巨大商业利益与经济利益，使一些人不惜铤而走险，采取非法手段来谋求有投票权的委员的支持等。应该说，正是国际奥委会对20世纪80年代以来国际奥林匹克运动迅速发展所带来的各类问题估计不足，没有在组织结构和运行机制上主动采取相应措

施与对策，才导致了盐湖城丑闻的发生，给国际奥林匹克运动的声誉、形象和发展带来了严重损失。虽然以萨马兰奇主席为首的国际奥委会采取了果断有力的措施，及时挽回影响，使国际奥林匹克运动避免了更大的挫折和损失，但对于国际奥委会和世界体育界来说，盐湖城丑闻仍然是一次沉痛的教训，留下了很多值得反思和总结的东西。

三、21 世纪国际奥委会的改革

进入 21 世纪，随着国际奥林匹克运动的进一步发展，雅克·罗格、托马斯·巴赫两任主席将国际奥运会的改革推向了新的阶段。

雅克·罗格（Jacques Rogge, 1942—2021 年）自 2001 年接替萨马兰奇出任国际奥委会主席，在 12 年任期内，成功举办了 2002 年盐湖城冬奥会、2004 年雅典奥运会、2006 年都灵冬奥会和 2008 年北京奥运会。在罗格领导下，国际奥委会加大了反兴奋剂力度，在控制奥运会的过度商业化和为奥运会"消肿"方面做了很多努力。在罗格的倡议下，国际奥委会于 2007 年决定创办每四年一度的青年奥运会，使全世界青少年能够通过参加青奥会获得教育的机会。青奥会分为冬季青奥会和夏季青奥会，2010 年首届夏季青奥会在新加坡举行，2012 年首届冬季青奥会在奥地利因斯布鲁克举行。

2013 年 9 月 10 日，德国人托马斯·巴赫（Thomas Bach, 1953— ）当选第九任国际奥委会主席。巴赫曾经夺取过 1976 年蒙特利尔奥运会击剑冠军。他由此成为历史上首位当选国际奥委会主席的奥运冠军。巴赫任期内，国际奥委会在奥林匹克思想观念、组织架构、运行体系方面做出了新的表述。2014 年，国际奥委会推出包含 40 项改革方案的《奥林匹克 2020 议程》，其核心内容是降低奥运会申办和运行成本、可持续发展、提高公信力和注重人文关怀等。2018 年在韩国平昌召开的国际奥委会第 132 次全会上通过了"新规范"，其目的是简化奥运会运行程序，特别是降低奥运会运营成本。这些改革思路与措施成为国际奥林匹克改革发展的重要指针。

第五节　世界体育发展的态势

进入 21 世纪后，在以信息技术为中心的高新技术迅速发展背景下，现代科学技术的许多重要成就直接应用于体育运动，对世界体育的发展产生了重要影响。世界体育的健康良性发展，还有待于国际体育界的共同合作与更大努力。

一、体育科学体系的形成与体育科技的发展

20 世纪下半叶以来，由于高科技成果不断被应用于体育领域，竞技运动尤其是奥运会等国际重大赛事在某种程度上成为各国科技综合实力和水平的"竞技"。科学技术成为推动世界体育运动发展的一个重要动力与要素。

从 20 世纪 80 年代起，体育科学朝着多学科综合性方向发展，形成一个涉及自然科学、人文社会科学和管理科学的综合性学科体系。各种科学理论知识与研究成果被用于指导体育实践，形成了诸多专门的体育学科，如自然科学类的运动形态学、运动生理学、运动生物化学、运动生物力学、运动医学、运动心理学等；人文社会科学类的体育哲学、体育史学、体育社会学、体育经济学、体育法学、体育传播学等；管理科学类的体育统计学、体育管理学等。一个涉及各类科学理论、知识与技术的体育科学体系的出现，为世界体育的科学化发展提供了强大的引擎与推动力，是现代世界体育发展的重要标志和里程碑。

在以信息技术革命为核心的科技发展浪潮中，各类高新技术的前沿成果被迅速运用于体育教育、大众体育，尤其是运动训练与比赛实践中，如计算机科学、高速摄像技术、大数据、云计算、分子科学及各类医学、康复科学成果等。在奥运会和各类大型赛事上，各个国家或职业俱乐部都高度重视高新科技成果在运动员选材、训练、比赛、恢复和伤疗等方面的运用。大量新型材料和尖端技术被运用于运动训练与比赛，如新型离合式冰鞋、新型聚丙烯泳衣面料、广泛应用于体育器材的碳素钢材材料，以及用于自行车、赛艇

等的轻型合金材料等。高水平竞技运动在某种程度上已经成为高科技的较量。美国、英国、法国、德国、意大利、澳大利亚等国的训练基地和研究中心都配备了大量先进的科研设备，聚集了各相关学科的高水平科研人才。

二、国际体坛加强反兴奋剂领域的合作

20 世纪下半叶以来，国际体坛面临着兴奋剂泛滥的严峻挑战。运动员服用兴奋剂以提高运动成绩始于"二战"后。但直至 20 世纪 70 年代前，服用兴奋剂还限于少数自行车、举重、田径等项目的运动员。随着 20 世纪下半叶世界体育运动逐渐向商业化和职业化发展，体育运动带来的巨大经济利益使一些运动员不惜铤而走险，借助药物来提高比赛成绩。同时，一些国家的政府为了提高本国在奥运会等重大赛事中的比赛成绩，也对运动员服用兴奋剂采取了默认、纵容的态度，少数国家的体育科研机构甚至直接参与兴奋剂的研究，遂使运动员服用兴奋剂的问题愈演愈烈，成为 21 世纪的困扰世界体育运动发展的严重问题。

国际体育界重视兴奋剂问题始于 1960 年第 17 届罗马奥运会。在该届奥运会上，来自丹麦的自行车运动员努德·詹森因服用兴奋剂而导致其在比赛中死亡。这一世界体育史上首例因服用兴奋剂而导致运动员死亡的事件震动了整个体育界。此后，一些国际体育组织开始采取措施禁止运动员服用兴奋剂。1962 年国际奥委会成立了药物委员会，通过了禁止使用兴奋剂的决议。但该委员会并未制定具体的政策来禁止使用兴奋剂。1968 年该委员会进行了改组，制定了有关政策，并在 1968 年举行的第 19 届墨西哥城奥运会上首次对少数运动员进行了药物检测。

在国际单项体育组织中，国际足联在 1966 年的世界杯足球赛中对运动员进行了小规模的抽样检测。国际田联于 1972 年成立了药物委员会，并在 1977 年的世界田径锦标赛中进行了强制性的检测。1978 年国际田联规定，使用兴奋剂者将面临 18 个月的禁赛。与此同时，一些国家的体育管理机构也开始把禁止使用兴奋剂提上议事日程。法国和比利时于 20 世纪 60 年代中期率先禁止运动员服用兴奋剂。英国、土耳其、意大利于 20 世纪 70 年代也制定

了相关法律。英国体育运动委员会于1970年初明确宣布反对使用兴奋剂。

但是，在20世纪90年代之前，国际社会和体育界在禁止兴奋剂方面一直未能取得实质性进展。究其原因，一是当时大多数国家的政府和国际体育组织仍对兴奋剂问题认识不足；二是在兴奋剂检测手段方面也受到人员、经费、技术等方面的制约。还有一个重要原因则是在当时东西方"冷战"背景下，国际社会和体育界在反兴奋剂问题上难以协调一致，共同采取有力措施来禁止使用兴奋剂。

20世纪90年代，"冷战"的结束为国际体育界在反兴奋剂问题上实施更加有效的合作、采取协调一致的行动提供了条件。国际反兴奋剂斗争开始走向全球化合作阶段。1990年，英国、加拿大、澳大利亚等国签订了《国际反兴奋剂协约》，同意在其国家内进行兴奋剂的检测，并在体育组织内制定反兴奋剂的政策。随后，新西兰、挪威、瑞典、荷兰等国也在该协约上签字。1996年北欧的一些国家联合制定了共同反兴奋剂条约。古巴、德国、波罗的海诸国也纷纷与其他国家达成协议，共同反对兴奋剂。与此同时，不少国家的政府也开始重视兴奋剂对本国体育发展的危害和对其国际形象的消极影响，不仅制定了国家反兴奋剂政策，而且在财政上予以有力支持。例如，截至1995年，在世界范围内进行的4万余次兴奋剂检测中，90%的经费来自各国政府的拨款。

在各国政府和体育界的共同努力下，国际反兴奋剂斗争在20世纪90年代末取得了重大进展。1999年2月，国际奥委会在瑞士洛桑召开了首届世界反兴奋剂大会。大会同意成立一个国际性反兴奋剂机构，即"世界反兴奋剂机构"（WADA）来协调各国和各体育组织的反兴奋剂政策和措施。大会还制定了首部世界反兴奋剂条款。1999年11月，世界反兴奋剂机构成立，总部设在洛桑。2002年，其总部迁往加拿大的蒙特利尔。2003年3月3日，世界反兴奋剂大会在哥本哈根开幕。来自世界140多个国家和地区，以及国际体育组织的1000多名代表出席了会议。2019年11月7日上午，在波兰卡托维兹举行的世界反兴奋剂大会上，世界反兴奋剂机构（WADA）基金会董事会审议并通过了新修订版的《世界反兴奋剂条例》，新条例结合了体育、社会、医学和科技领域近年来的发展变化做出修订，并从 2021 年 1 月 1 日起正式生效。《世界反兴奋剂条例》的制定和通过是国际反兴奋剂斗争所取得的重大成果，为世界体坛反对兴奋剂提供了统一的法典和依据，从而为 21 世纪国际体育界在世界范围内反对兴奋剂的斗争奠定了基础。

三、体育与国际人权事业

"冷战"结束以后，国际体育界不再受意识形态纷争的干扰，而是将更多的注意力放在了在体育运动领域维护人权和追求体育权利平等问题上，国际社会、国际体育界及各国政府都开始对体育领域内的人权问题予以高度关注。发展大众体育被提到人权平等的高度，国际体育界越来越重视体育运动中的种族歧视，以及妇女儿童、残疾人、特殊人群、弱势人群的体育权益问题。

（一）保障儿童的体育权益

从 20 世纪 80 年代起，针对一些运动项目的运动员训练与比赛出现越来越趋低龄化现象，国际社会和体育界对儿童与未成年人的体育权益问题，尤其是"体育童工"现象给予了高度关注和强力干预。1989 年联合国颁布的《儿童权利公约》提出，儿童和 18 岁以下的青少年应享有与成年人同等的权利。根据这一原则，儿童和青少年过早参加高水平竞技体育训练和比赛的问题引起了国际社会的重视。

1990 年 9 月，在《儿童权利公约》生效之后，世界儿童问题首脑会议在纽约联合国总部召开，这是历史上第一次专门讨论儿童问题的首脑会议。会议通过了《儿童生存、保护和发展世界宣言》和《执行九十年代儿童生存、保护和发展世界宣言行动计划》。这是国际社会对保护儿童权利所做的政治承诺和具体方案。截至 2015 年 10 月，《儿童权利公约》缔约国为 196 个。1993 年，联合国颁布了《儿童权利说明》，对儿童权利作出了具体规定。针对儿童与未成年人过早参加高水平运动训练与比赛，造成他们被人为地与世隔绝，难以受到完整的教育，甚至被迫接受高强度、大运动量训练，其身心受到严重摧残等现象，《儿童权利说明》特别提出在下列两种情况下儿童和青少年的权利尤其应受到社会的保护：一是体育对他们的剥削；二是儿童在竞技运动中为了金牌的需要而成为买卖对象。

《儿童权利公约》与《儿童权利说明》这两个国际性公约和文件成为体育领域内保护儿童与未成年人权益的重要里程碑。此后，各国政府和体育组织纷纷通过立法和制定有关政策等形式，对儿童和未成年人的体育权益予以维护。从 20 世纪 90 年代中期开始，一些国际体育组织如体操、艺术体操、跳水等项目把女子运动员参赛年龄提高到 16 岁。

由于体育运动的特点，未成年人的体育权益问题虽然已经引起国际社会的重视，但这一问题要得到真正解决，还需要国际社会、各国政府和体育界等各方面做出不懈的努力。

（二）维护残疾人的体育权益

残疾人体育又称特殊体育、伤残人体育、残障人体育，是指以在听力、视力、语言、智力、肢体等方面有缺损者为参与主体的体育活动，以强身健体、身体康复、恢复机能、培养意志品质和生活自理能力等为目的。

20 世纪 60 年代以来，在国际社会和体育界的努力下，残疾人体育获得了重大发展。1960 年罗马奥运会期间举办了首届残疾人奥运会。从此以后在夏季和冬季奥运会期间举办残疾人奥运会成为惯例，并进入《国际奥委会章程》。1968 年在美国芝加哥举办了首届世界特殊奥林匹克运动会。1984 年第一届国际残疾人运动会在美国举行。1989 年国际残疾人奥委会在德国成立。1993 年国际残疾人奥委会成立了残疾人运动委员会。此后，世界各国成立了大量残疾人体育组织。截至 2015 年，仅美国国内的残疾人体育组织就多达188 个，国家性的残疾人体育组织有 60 多个。与此同时，在欧美举行了各种项目的残疾人运动会，对推动残疾人的体育和扩大残疾人体育的影响起了很大的作用。

（三）体育与反种族歧视

种族歧视是指一个人对除本身所属人种之外的人种采取蔑视、讨厌及排斥的态度，并且在言论、行为上表现出来。现代种族歧视始于西方殖民时代。西方殖民者对美洲、大洋洲、亚洲及非洲的原住民都采取过种族歧视政策，甚至以政府和法令形式实施残暴的种族隔离制度。"二战"后，随着原殖民地民族解放运动兴起和世界人权运动的兴起，反对种族歧视逐渐成为国际社会的共识。1963 年 11 月 20 日联合国大会第 1904 号决议通过了《联合国消除一切形式种族歧视宣言》。

种族歧视一度在体育界十分猖獗。尤其在美国很多州，黑人直到 20 世纪 60 年代仍被禁止与白人同车同校，更不用说与白人同场竞技。在国际体育界，种族歧视更是长期阴魂不散。早在 1936 年的柏林奥运会上，希特勒就拒绝与获得跳远冠军的美国黑人运动员伊文斯握手。20 世纪下半叶，非洲各国和全世界很多国家运动员一道，在包括奥运会在内的国际赛场上反对美国的种族歧视和南非、罗德西亚白人政权的种族隔离政策。在 1976 年的蒙特利尔奥运会上还发生了美国黑人运动员抗议种族歧视的"黑拳头事件"。由于包括国际奥委会在内的全世界正义力量的共同努力，20 世纪下半叶至 21 世纪，国际体育界反种族歧视斗争取得了重大成就。但客观而言，国际体育界反种族主义斗争远未结束，仍然任重道远。

四、体育的全球化与多元化发展趋势

体育全球化与多元化发展是 20 世纪下半叶至 21 世纪世界体育发展的两大趋势。由于现代体育尤其是竞技运动的特点，在交通和信息技术大发展背景下，在国际体育组织与国际传媒集团的联手打造下，体育全球化发展趋势势不可当。通过便利的交通工具、卫星通信技术和互联网，体育成为全人类共同分享的全球性文化资源。

体育的全球化表现在主流运动项目的全球化、体育资源的国际化、世界体育组织的一体化、运动项目规则和场馆设施器材的标准化、职业运动员和教练员无国界化、国际资本与国际体育传媒集团对体育赛事及信息资源的垄断化等。体育全球化促使全人类通过体育更加紧密地联系在一起，使体育精神与奥林匹克精神成为全人类的普世性价值，使体育在加强世界各国人民的团结友谊与互相了解、促进世界和平等方面发挥重要作用，成为现代文明的重要组成部分。

但同时也要看到，现代体育的全球化存在着不少值得重视的问题，包括西方发达国家控制的国际金融资本对全球体育的控制与垄断、以西方发达国家为主的国际体育传媒集团在体育转播中的话语霸权、西方体育主流项目和文化对世界其他国家和地区的民族传统体育事实上的排斥和挤压等。

与体育全球化共生的，则是世界体育的多元化发展趋势。这主要表现在世界各国，尤其是亚非很多国家开始认识到继承和开展本民族传统体育的重要性，采取多种措施来保护和发扬本民族的传统体育。如中国的武术、划龙舟等活动已经传播至世界各国。日本政府和社会高度重视保护和开展本民族的剑道、柔道、空手道、弓道、合气道、相扑等民族传统体育文化，重视在学校和青少年中间开展传统体育活动，并成功推动柔道、空手道等项目进入奥运会。韩国也注重传承本民族的跆拳道、射箭等传统体育项目，也成功地使跆拳道进入了奥运会。另外，如印度的瑜伽、卡巴迪、泰国的泰拳、蒙古的摔跤等都成为在世界上有影响的体育活动。可以预计，21 世纪的世界体育将沿着全球化和多元化方向继续发展，共同谱写出世界体育发展的辉煌篇章。

❓ 问题与思考

1. 20 世纪上半叶世界体育的主要发展成就有哪些？

2. 简述"战后"奥林匹克运动的发展状况。

3. 为什么说洛杉矶奥运会是体育产业化的里程碑和分水岭？

4. 20 世纪 80 年代以来国际奥委会的改革措施有哪些？

5. 什么是《国际体育宪章》？它对于世界体育运动发展有何重要意义？

6. 跨国传媒集团的出现对世界体育运动的发展产生了什么影响？

7. 竞技体育商业的作用及影响有哪些？

📖 拓展阅读文献

1. Joseph Maguire. Global sport：identities，societies，civilization ［M］. Blackwell：

Blackwell Publishers Ltd, 1999.

2. 刘占鲁. 论体育全球化 [M]. 北京：北京体育大学出版社，2013.

3. 彼得·尤伯罗斯. 美国的创举——尤伯罗斯自述 [M]. 张冀元，唐步生，译. 北京：人民体育出版社，1988.

4. 诺曼·戴维斯. 欧洲史 [M]. 郭方，刘北成，译. 北京：世界知识出版社，2008.

5. 罗时铭，曹守和. 奥林匹克学（第三版）[M]. 北京：高等教育出版社，2016.

6. 汤铭新. 奥运百周年发展史 [M]. 中国台湾：中国台北奥林匹克委员会，1996.

7. 阿伦·古特曼. 现代奥运会 [M]. 徐元民，译. 中国台湾：台北师大书苑，2001.

8. 崔乐泉. 奥林匹克运动通史 [M]. 青岛：青岛出版社，2008.

9. 国际奥委会. 国际奥林匹克宪章（中英文对照）[M]. 北京：奥林匹克出版社，2001.

10. 麦克尔·佩恩，奥林匹克大逆转 [M]. 郭先春，译. 北京：学林出版社，2005.

11. 张新. 体育赛事简史 [M]. 北京：人民体育出版社，2013.

12. 潘华. 德国体育史 [M]. 北京：人民体育出版社，2019.

13. 邱凌云. 俄罗斯体育史 [M]. 北京：人民体育出版社，2019.

14. 张新，凡红，郭红卫. 英国体育史 [M]. 北京：人民体育出版社，2019.

15. 杰纳斯，波里什，菲斯特. 美国体育史 [M]. 霍传颂，宋秀平，张鹏翔，等，译. 北京：人民体育出版社，2019.

[名师讲堂]

奥林匹克运动的发展与改革　　　　　　"二战"后学校体育的发展

《国际体育宪章》与大众体育　　　　　　国际奥委会改革

下 编
中国体育史

　　在中华民族悠久历史中，产生了灿烂的体育文化，她是世界体育文化的重要组成部分。体育史学界将中国体育史划分为古代体育、近代体育和现代体育3个发展阶段。本教材所说的中国古代体育，包括史前体育、先秦体育和秦汉以后直至1840年这一历史时期中华民族所创造和流行的体育。总体而言，史前体育是中国古代体育的萌芽时期；先秦体育是中国古代体育的奠基和形成时期；秦汉以后则是中国古代体育的演变和成熟时期。近代体育，是指从1840年到中华人民共和国成立这一历史阶段在中国流行和实施的体育。这一时期西方近代体育通过各种途径传入中国，东西方体育交织和融合成为这一历史时期中国体育的特色。1949年中华人民共和国成立，中国体育进入新的历史阶段，从中国共产党领导下的"新体育"的建设到中国特色体育发展道路的形成与发展；从体育全面走向世界到建设体育强国目标的提出，中国现代体育取得了举世公认的辉煌成就，成为世界体育发展的重要力量。

体 育 史

第五章

中国古代体育的形成与兴盛

　　本章阐述的是从中国史前体育、先秦体育到秦汉魏晋南北朝时期的体育。史前体育系指有文字记载出现之前先民的体育。先秦时期一般系指从公元前 21 世纪左右到公元前 221 年秦统一中国前这段时期。其间历经夏（前 21 世纪—前 16 世纪）、商（前 16 世纪—前 11 世纪）、西周（前 11 世纪—前 770 年）、春秋（前 770 年—前 476 年）、战国（前 475 年—前 221 年）。从公元前 221 年秦统一中国建立大一统专制王朝，到 581 年隋朝建立，是中国古代大一统专制王朝体制建立时期。其间历经秦、汉、西晋等统一王朝，以及之后长时期的分裂，至隋朝建立才重归统一。中国古代体育在这段时期经历了从萌芽到形成再至兴盛的过程。

第一节　史前体育

中国史前时期，距今 1000—3000 年，文献记载中则是神话传说时代。这段时期，中国先民在华北、江南的一些地区进入半农耕、半采集的定居生活，他们以家庭、氏族和部落为组织形态，制造与使用陶器和细石器，出现了原始禁忌与仪式。其代表性考古文化有大汶口文化、仰韶文化、河姆渡文化、龙山文化、红山文化、良渚文化、齐家文化、马家窑文化等。

根据考古发现和文献记载，早在史前时期，中华民族的先民就已经结合社会生产和生活的需要，创造出了许多原始的体育活动形式，为中华传统体育文化的形成创造了条件。远古的先民们在采集渔猎的生活中，创造出各种劳动生产工具，如石球、石镞、舟楫、钓钩等。在发挥这些原始工具的使用效用时，他们也用这些工具从事包括投掷、射箭、游泳、奔跑、跳跃、攀登、垂钓等在内的游戏、教育、娱乐、竞技等活动。史前体育的雏形由此诞生。

考古工作者在对丁村文化遗址、半坡文化遗址等史前人类遗址的发掘中发现了很多石球。这些石球直径为 4～15 厘米，其用途尚有争议。有学者结合被认为是中国最早的诗歌"断竹，续竹，飞土，逐肉"，推测这些石球可能是先民以竹做弓发射的弹丸，用以狩猎，也用于游戏、竞技等活动。也有学者推测这些石球是飞石索或绊兽索，即将石球置于皮索一类的装置内，挥舞掷出用以击打或锁绊猎物。

图 5-1　山西峙峪
出土的石镞

1963 年，考古工作者在山西峙峪 28700 年前史前人类文化遗址中发现了一枚石镞（图 5-1）。这是目前世界发现的最早的弓箭遗物，标志着人类早在旧石器时代已经发明了弓箭这类复杂的复合性工具。

另外，在中国各地发现的新石器时代的遗物中，多见各种石戈、石矛、石刀、石弹、石斧和石铲，石或骨制的标枪头，骨制的矢镞，红铜制的小刀、锥、凿等。这些考古遗物都表明了史前社会人们的经济生活方式及娱乐、教育、游戏、竞技等活动方式。江苏邳州市大墩子遗址墓葬中有一男性遗骸左手握匕首，左胸骨下置石斧，左股骨中嵌入一枚三角形石镞，可以推测这是一名武士在战斗中被敌人用弓箭杀死。由此可见，史前人类由于争夺资源、领地和氏族部落的战争，男孩必须很小就接受射箭、格斗等技艺的训练，而成年男子必须用这些技艺狩猎并参加战斗。

根据考古发现和人类学家对美洲、大洋洲及东南亚等地近代尚处于史前状态的史前人类社会的调查，史前人类盛行各类祭祀礼仪活动，也有丰富的艺术活动和娱乐活动，这些活动中包含了丰富的史前体育活动。1973 年在青海大通县孙家寨发现了一个新石器时代后期马家窑文化的舞蹈纹彩陶盆，内壁饰有三组舞蹈图纹，每组 5 人，手拉手踏节而舞，气氛狂热、形象生动，表现了史前人类舞蹈时的激情与热烈。

在中国各地还发现了很多史前人类留下的岩画，如著名的阿勒泰滑雪岩画（图 5-2）、内蒙古阴山岩画、甘肃黑山岩画、宁夏贺兰山岩画、云南沧源岩画（图 5-3）、广西花山岩画等。这些岩画形象地再现了史前人类的社会生活和经济、狩猎、游戏、射箭、舞蹈等场景，是研究和考察史前体育的重要资料。

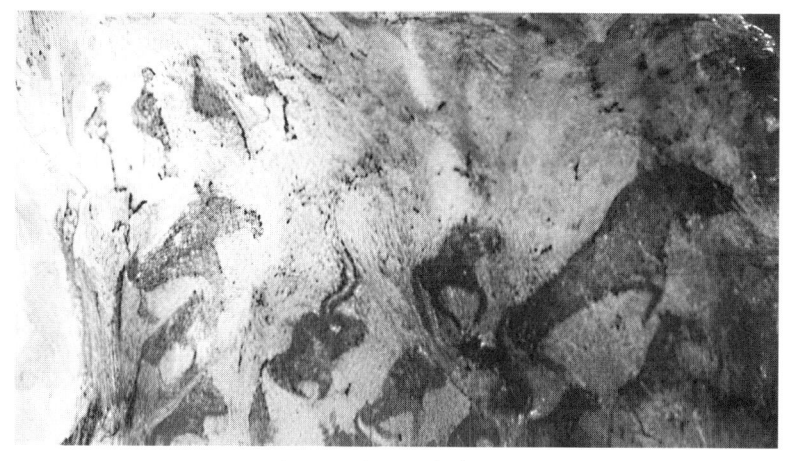

图 5-2　新疆阿勒泰岩画

图 5-3　云南沧源岩画 新石器时代

第二节　先秦体育

中国古代体育，主要围绕"武"与"戏"两个方向演进发展，先秦体育也是如此。所谓"武"，主要是为了适应古代战争需要，国家必须发展武备，建立军队，训练士兵，并对适龄男子进行体能和军事技能训练。所谓"戏"，包括自娱性的游戏和他娱性的表演活动，包括国家的祭祀、朝会大礼等诸种礼仪活动。这些不仅为后世体育的发展奠定了基础，也构成了中国古代教育中的诸多体育元素和价值。

一、先秦"六艺"与射礼

史学界一般认为，先秦时期的商代是奴隶制度，周代实施的是以周天子为中心的贵族分封制度。在周的领地内，分封了大大小小数百个等级不同的贵族王侯。这些贵族的男性成员对周天子的主要义务是参加各类祭祀活动和从事战争。围绕这两大职责，形成了周代至春秋战国时期以礼、乐、射、御、书、数"六艺"构成的贵族教育体制。

周代的"六艺"是适应这一时期所有贵族男子必须参加各类祭祀礼制活动和从事战争而形成的一种文武并重的全面教育体系，这一教育体系中的

"乐"包括了很多舞蹈活动；"射"包括学习步射和车射等射箭技术，并学习如何参加各类射礼活动；"御"则是驾驭马车的技术。

据《孟子·滕文公上》载，夏、商、周都有专门的贵族教育机构，夏代称为"校"，商代称为"序"，周代称为"庠"。在这些贵族教育机构中，男子要在元老的指导下学习祭祀、礼仪、文字和射箭。

周代的贵族教育有一套成熟的体系。其中射箭与御车是贵族男子必须掌握的技艺。这是因为在先秦战争中，射和御是最重要的作战技艺。周代射箭是男性的象征，男子生下来家人会向天地四方各射六箭以昭告神灵。贵族男子15岁必须入官学，在教师指导下学习射箭与御车的技艺，在春夏季节还要学习使用干（盾）戈一类兵器，秋冬季节则重点学习射箭。

周代贵族学射要求掌握白矢、参连、剡注、襄尺、井仪五种射技，即所谓"五射"。白矢是对开弓射箭的力量要求；参连是指连续快速地将四支箭射出；剡注是指箭射出后飞行状态稳定；襄尺是按照贵族等级对射箭礼仪的要求；井仪是考量射箭准确性的标准。

商周时期战争形态主要是车战，掌握驾车技术并运用于战场是决定战斗结果及生死攸关的重要技艺，因而和"射"一样，"御"也是贵族必须掌握的作战技能。贵族男子在学校中要学习"五御"，分别是"鸣和鸾，逐水曲，过君表，舞交衢，逐禽左"。所谓"鸣和鸾"是指驾驭马车平稳前进车铃节奏不乱；"逐水曲"是驾车过河沟水滩的技术；"过君表"是驾车通过狭仄的门廊；"舞交衢"是驾车转弯的技术；"逐禽左"是要求将车驾驶至猎物或敌人的左边，以利于车上的射手放箭射击。

以上"五射""五御"，既是周代所有男性贵族必须掌握的作战技能，也是考试的标准。虽然商代甲骨文中少见军事训练的内容，但从考古发现来看，商人重视祭祀，在战争中的主要技艺也是驾车与射箭，因此在贵族的尚武教育和作战技能培养上应与周人相差不远。"射御一体"的作战方式和贵族教育体系直到战国晚期步战和骑战改变了战争形态才宣告退出历史舞台。

射礼是周代贵族之间举行的以射箭为活动内容的大型礼制活动，也是中国最早的大型竞技活动。西周射礼分为四种，一是"大射"，是周天子和诸侯在大型祭祀活动中举行的射箭仪式；二是"宾射"，是诸侯朝见周天子或诸侯之间迎宾宴会时举行的射礼；三是"燕射"，是诸侯贵族之间宴会时举行的射礼；四是"乡射"，是各地方中小贵族之间举行的射礼。

周代的射礼（图5-4）有严格的等级规定、繁复的仪式和复杂的竞技规则要求。其功能不仅是考校贵族的射技，通过比赛形式激励贵族青年习练射技，更是要通过射礼来祭祀天地神灵、强化尊卑等级秩序、学习礼仪规范，维系以周天子为中心的分封制度与社会等级制度，维护社会级秩序与社会稳定。

图5-4　柞伯簋

（柞伯簋，1993年出土于河南平顶山应国墓地M242。柞伯簋的铭文记录了周康王在周都举行大射礼的过程，同时也反映了西周时期的贵族教育制度。）

二、先秦时期的军事体育

商周时期主要的战争形态是车战，战争的主角是贵族，战争规模有限。在和平时期，贵族男子习练射御等作战技能，以备周天子和诸侯召唤。为了增加实战演练经验，周天子和诸侯贵族通常举行大型狩猎活动来"四季讲武"。

战国时期，七国争雄。随着战争规模日益扩大，战争形态亦由以往的车战为主演变为以步战为主，骑兵也开始出现在中原诸国的军队中。大量平民被征召入伍，成为军队的主要兵源，军事改革和新式军队的建造带来了军事体育的革命。

《荀子·议兵篇》记载，战国时期军事训练和军事体育主要有两大流派，即以"魏武卒"为代表的"体能派"和以"齐技击"为代表的"技能派"。

"魏武卒"。所谓"魏武卒"，是指战国名将吴起训练魏国军队的模式。这一模式特别重视军士的体能训练，并制定了严格的体能标准进行训练考核。魏国军士的体能训练和考核方式主要是武装并负重长跑，要求每个军士穿上三重皮甲，手拿十二石之弩，背负五十支箭，扛着长戈，戴上冠胄，佩戴短剑，再背上三日口粮，进行长途行军，要求一天之内行走百里。按照这一标准来进行训练，是对军士意志和体力的极大考验。吴起通过此法迅速训练出一支强大的军队，魏国也由此成为战国初期的强国。后来多国也都学习魏国的这种训练方式。

"齐技击"。与魏国不同，齐国军队在著名军事家孙武的影响下，特别重视军事技能的训练，要求士兵通过严格的训练具备使用各类长短兵器进行近战搏杀的勇气与能力。为了鼓励士兵通过技击之术进行近战格斗，齐国制定了有关奖励政策，凡能杀一敌人获得其首级的则给予赏金。"齐人隆技击"的训练模式使得齐国军队在作战中一往无前，勇于搏杀，敢于近战，这使齐国迅速成为一个强大国家。

"胡服骑射"。战国时期，随着北方草原游牧民族的崛起与强大，对中原农耕为主的华夏民族的威胁与侵掠日益严重，尤其是处在华夏民族与游牧民族边缘的赵、秦等国更是不胜其扰。由游牧民族构成的"胡人"最大的特点是长于骑射，机动性强，来去迅捷，加之射技精湛，使以往擅长于平原车战和步战的华夏诸国军队防不胜防，苦于应对。面对这一困境，赵武灵王毅然发动军事改革，以骑制骑，学习胡人骑射技术与战法。因华夏民族以往"上衣下裳"的服饰不适合骑马，必须换上游牧民族的"上衣下裤"。这就是著名的"胡服骑射"。由于当时尚未发明马镫，因而中原军队士兵上马、骑马和在马上作战都需要经过严格而艰辛的训练。"赵武灵王胡服骑射"这一壮举深刻改变了中国古代的战争形态。此后，骑兵作为一个重要兵种成为战场上的重要力量。

战国时期一些国家的大贵族有"养士"习尚，其中最著名的有魏国的信陵君、齐国的孟尝君、赵国的平原君、楚国的春申君等。他们府中都养有成百上千身怀各种技能的门人客卿，其中包括不少"死士""剑士""私剑""游侠"，他们形象凶猛，长于剑技，勇于为主人卖命，成为战国时期一个特殊的武术团体。

三、先秦诸子的体育观

春秋战国是中国历史上思想最活跃的"百家争鸣"时期。在这一时期涌现出各种对后世影响深远的思想学说和大批杰出的思想家，他们的体育思想在中国古代体育发展过程中产生了重要影响。

孔子（公元前551—公元前479年），名丘，字仲尼，是中国古代影响最大的思想家和教育家。他的教育思想中包含了很多有价值的体育理念。孔子崇尚并继承西周"文武并重"的教育思想，把"智、仁、勇"作为培养人才的重要内容，主张实施西周的"六艺"教育来培养文武全才。他主张恢复"射礼"，主张通过射礼的"君子之争"来培养贵族尊卑有序、谦让有礼的礼仪风度。孔子"文武并重"的教育思想虽然在秦以后并未受到重视，但在后世的多个历史时期仍然为一些有识知识分子所推崇传承。

荀子（约公元前315—公元前217年），名况，字卿，是战国晚期儒家著名代表人物。他提出了"动静和节"的养生观，认为顺应天时运动能够增进健康，祛除疾病，并主张通过乐舞活动来陶冶性情、愉悦身心，以增进健康。

墨子（约公元前468—公元前376年），名翟，是墨家学派的创始人。墨家反对战争，主张"非攻"，要以武力来制止非正义的战争，因而墨子的教育思想是"尚侠"，培养弟子学生重诺轻生、赴火蹈刃的任侠精神，同时学习掌握各种作战技能，因此他的弟子皆以勇武名动一时。墨家首开中国古代的任侠之风，对中国古代游侠剑客文化产生了很大影响。

老子（约公元前571—公元前470年），姓李，名耳，字聃。春秋末期人。道家学说的创始人。他的著作《道德经》（又名《老子》）一书对中国古代哲学和养生学产生了重要影响。老子提倡"清静无为""抱元守一"的养生思想，主张通过"归真返璞"的生活方式和内观养气的方法来养生治身。老子"清静养生"的思想对中国古代养生思想的形成与发展产生了重要影响。道家学说也由此成为中国传统养生学的思想来源与理论基础。

庄子（约公元前369—公元前286年），名周，战国时人，道家学说的集大成者与发扬者。庄子继承发扬了老子的道家学说和养生思想，提出了以"养神"为主的养生思想，其方法是"心斋""坐忘"，即主张在人的身心尤其是内在精神的绝对安静状态下获得健康长寿甚至"成仙"之效。这种养生思想对中国传统养生文化中"主静"学派的出现产生了深刻影响，后世很多养生静功方法（如内丹、行气、存思等养生方法）都可溯源至庄子的养生思想。

第三节　秦汉魏晋南北朝时期体育

秦汉时期建立了中国大一统专制制度，奠定了中国此后两千年的政治制度基础。两汉时期中国经济社会的发展促进了蹴鞠、角抵、养生及各类百戏表演活动的兴盛。与此同时，与北方匈奴的长期战争推动了汉王朝军队的改革，新的"兵技巧"训练体系为汉王朝在对匈战争中取得胜利提供了重要保障。在魏晋南北朝时期，由于长期的动乱和分裂，中国古代体育的传承与发展陷于停滞。直到隋唐，中国再次统一，才迎来了中国古代体育又·个大发展时期。

一、蹴鞠运动的兴盛

蹴鞠（图5-5）也称踏鞠、塌鞠、蹙鞠，是中国古代的足球运动。蹴鞠最早见于文献记载是《战国策》和《史记》。根据其记载，战国时期齐国首都临淄非常繁华，市民都喜欢包括蹴鞠在内的各种娱乐活动。

图5-5　西汉铜蹴鞠图案印

汉代蹴鞠非常普及。从文献和考古材料看，汉代蹴鞠大致有三种形式：一种是市井平民的娱乐性活动；二是在上层社会筵席上的表演活动；三是军队中的训练项目。其中，从河南、山东、江苏等地出土的考古文物如东汉画像石图像来看，在宫廷贵族宴饮中表演性的蹴鞠，是由女性伴随音乐、舞蹈来演出，所踢之鞠（球）比较轻盈，应是以纤维毛线一类物质缠裹而成。军队用以军事训练所用之鞠（球）是一种较重的实心球，球体外部以皮革制成，内部填充动物毛发一类物质。平民所踢之球也大致是这种实心皮革球。

东汉时期李尤作《鞠城铭》。其中写道：圆鞠方墙，仿象阴阳。法月衡对，二六相当。建长立平，其例有常。不以亲疏，不有阿私。端心平意，莫怨其非。鞠政由然，况乎执机！根据《鞠城铭》及其他史料，汉代蹴鞠有专门的球场，称为"鞠城"，呈长方形，周围筑有短墙，两端各有半月形的球门，称为"鞠室"。比赛时双方各出六人进行对决。蹴鞠比赛制定有规则和裁判，双方必须遵循公平竞争原则。由于比赛使用的是实心皮革球，这种球重量较沉，滚动速度较慢，比赛时双方球员身体对抗激烈，对参赛者力量素质要求较高，因而会成为军队训练的"兵势"。

蹴鞠在两汉文献中有较多记载，显示出这项运动十分普及。如西汉名将霍去病就曾在对匈奴的战争中利用闲暇时间蹴鞠。直到汉末三国时期，蹴鞠仍作为一种练兵的活动流传。进入两晋南北朝后，文献和考古材料中有关蹴鞠的记载基本消失，显示出这项运动在这一时期趋于衰落。

二、"兵技巧"与汉代的军事体育

两汉时期，汉王朝与匈奴的长期战争改变了战争形态。从汉初文帝、景帝时已经意识到了骑兵在对匈作战中的重大意义。至汉武帝时，训练出了一支由骑兵与弓弩、长戟、环手铁刀组成的强大军事队伍，并形成了一套以"兵技巧"为名的军事体育和训练体系。

"兵技巧"一词出自《汉书·艺文志》，是两汉时期军队体能和技能训练体系的总称。汉代的"兵技巧"包括"习手足""便器械""积机关"三大内容。其中除"积机关"属于军事工程学领域,"习手足"是军队的体能训练,"便器械"是使用兵器的技能训练。《汉书·艺文志》记载了当时十三家"兵技巧"的书籍目录,一共九十九篇,包括射法8家(弓射与弩射)、剑道1家、手搏1家、蹴鞠1家。这些汉代的典籍早已亡佚,仅留下了书目。但通过这些书目,我们可以了解汉代的军事体育包括了体能训练和技能训练两大部分。共中手搏、蹴鞠、剑道都属于体能训练项目,而技能训练项目主要是弓射与弩射。

"手搏"(拳术)不是实战技能,但却是军队体能训练的手段。"剑道"之所以是"习手足"项目,是因为剑在西汉时已经逐渐被环手铁刀取代,不再是军队制式兵器,但剑术是军队的体能训练手段,并仍在社会流行。三国时魏文帝曹丕就曾跟随高手学剑,并在比武中击败技艺高强的对手。汉代蹴鞠使用实心皮革球,比赛时身体对抗激烈,因而成为军队"习手足"的有效手段。

汉代军队的技能训练主要是包括弓射与弩射在内的射法。射是汉代军队作战最重要的技术。古代射箭需要强大的上肢力量拉弓开弩,还需要很高的技能技巧。这些都需要通过长期严格的专门训练才能掌握和在战场上熟练运用。射法中难度最大的是骑射,汉军骑兵大多数是成年平民,入伍后才开始学习骑马射箭,由于当时没有发明马镫,因而上马、骑马及在马上开弓射箭都需要经受极为艰辛的训练。《汉书·艺文志》所载"兵技巧"中的《李将军射法三篇》书目,应是西汉名将李广的射法总结。李广是西汉著名的骑兵将领,他的射法包括了马上射箭的技法。

汉代军队中还进行长戟、手戟(短戟)、长椠、环手刀、钩镶(一种由盾、钩、刺组合的兵器)的训练。在河南、山东、江苏、陕西、四川等地出土的汉代画像石砖中有许多军队训练作战的画面。成都体育学院博物馆藏东汉技击画像石(图5-6)上,有两组武士手持钩镶、环首刀和长戟进行搏击,这些武士都身穿华丽的服装,应是在进行搏击格斗表演。这些汉代画像石图像都形象地反映了汉代军事训练和军事体育的各种场面。

图 5-6 　东汉《技击表演》画像石

三、角抵与百戏中的体育表演活动

角抵是起源于秦代的集摔跤、举重（举鼎）、角斗为一体的力量型表演活动，其前身是先秦时期的"讲武之礼"。秦二世为供其娱乐，在咸阳的甘泉宫召集了一批职业力士为其表演作乐，称之为角抵。

1999 年，考古工作者在陕西西安临潼区发掘了编号为 K9901 秦始皇陵陪葬坑（图 5-7、图 5-8），出土了 11 件陶俑。这些陶俑都是真人大小，上身和腿脚赤裸，身穿短裙，体格或强健壮硕，或肌腱突隆，同坑还出土一个青铜大鼎。根据研究，这是一个角抵俑陪葬坑，这些陶俑的原型都是秦宫中的角抵士。此青铜大鼎很可能就是这些角抵士举鼎所用之物。1975 年，考古工作者在湖北江陵凤凰山秦墓中出土一木漆篦（图 5-9），上有两名赤裸上身、下着短裙的角抵士正在相向而扑，旁边还有一类似裁判的角抵士，表明秦汉时的角抵已经是成熟的竞技运动。徐州博物馆收藏有铜山洪楼西汉墓出土的《七力士》画像石（图 5-10），上有

图 5-7 　秦始皇陵 K9901 出土 5 号俑

七位腿脚赤裸、身着短裙的角抵士。其中两位角抵士手抱作为锦标的酒与鹿，另外五位角抵士正各呈技艺进行比赛。成都体育学院博物馆藏有西汉角抵俑一套（图 5-11），两位身穿角抵服体魄健硕的角抵士在周围一群乐师伴奏下翩舞入场比赛，表明西汉角抵已经发展为一种高度仪式化和表演化的活动。

合""养神为主"等观点，以及"法于阴阳，和于术数，食饮有节，起居有常，不妄作劳"的养生理念，对中国古代养生学的发展产生了深远影响。

导引术与行气术产生于何时已不可考。文献中最早记载导引行气的是《庄子》一书。其中提到在战国时期有一批"导引之士"，他们主张通过"养形"来追求彭祖那样的长寿，其方法特点是"吹嘘呼吸，吐故纳新，熊经鸟伸"，即呼吸运动结合模仿动物肢体运动。另外，《庄子》一书还提到了"养神""心斋""坐忘"等方法，被认为是行气和静功一类方法的最早记载。导引行气最早的考古文物是今藏于天津博物院的战国时期的《行气玉佩铭》（图5-14）。铭文为："行气，深则蓄，蓄则伸，伸则下，下则定，定则固，固则萌，萌则长，长则退，退则天。天几春在上，地几春在下。顺则生，逆则死。"根据郭沫若先生等学者的考证，这段铭文记载的是习练导引行气时内气运行的方法。根据文献记载和考古文物，可以推断，至迟在战国时期，导引行气术已经形成。

图 5-14　行气玉佩铭

由于中国古代早期药物学尚不发达，因而导引和针灸砭石等在先秦至汉代是广泛使用的医疗治病术。1973 年在长沙马工堆二号西汉墓出土的帛画《导引图》（图5-15），使今人第一次看到了西汉初导引术的动作图像。该图宽约50 厘米，长约110 厘米，前段为《却谷食气》《阴阳十一脉灸经》，全图绘有形态各异的导引术势44 个，分列四排，每排 11 人。每图旁均附有简单的文字说明，但有些已残缺不全，能识别的仅 31 处。马王堆汉墓《导引图》显示出秦汉导引术分为养生导引术与医疗导引术两类。医疗导引术注明有"引膝痛、引脾痛、引聋、引项、引温病"等术势所医治疾病的说明，从技术上导引分为徒手与器械两类。器械运动分别有棍杖、沙袋、盘碟、球类等。在名称上，《导引图》中的术势既有以动物来命名的，也有以动作来命名的。动物仿生术势有"熊经、龙登、堂狼（螳螂）"等。《导引图》中的人物男女各占一半，表明是男女通用的技术。马王堆《导引图》的发现，使我们对先秦至秦汉时期的导引术情况有了直观的了解。

图 5-15　马王堆汉墓帛书《导引图》复原图

1984 年在湖北江陵张家山西汉墓出土了竹简《引书》，这是继马王堆《导引图》之后的又一重大成果。《引书》约成简于西汉吕后二年（前 186 年）前，抄写于 113 枚竹简上，共 3235 字，是一部专门记述导引与养生的著作。《引书》内容分为三部分。第一部分论述四季养生之道；第二部分论述导引术势及其作用，记载导引术 110 种，除去重复者还有 101 种；第三部分讨论了致病因素、防治方法及养生理论等问题。《引书》是对先秦至汉初医疗导引术的一次总结，其成书年代与马王堆《导引图》几乎同时，两者形成图文互证关系。《引书》所载导引术与马王堆帛画《导引图》相比较，两者风格相近，命名原则相同。而《引书》所载导引种数更多、内容更丰富。除了折阴、熊经、引膝痛、引聋和引颓 5 种导引名称相同（其中 3 种名同术异）外，帛画所载导引术只有《引书》的一半不到，而且是单个动作的静态画面，而《引书》字迹清晰、内容齐全，弥补了帛书的不足。《引书》的发现，为研究汉以前导引术提供了极为珍贵的资料，成为研究秦汉导引的又一重要史料。

东汉时期的名医华佗创造的"五禽戏"，是这一时期导引术发展的代表。

华佗主张运动养生。他在古代导引术基础上，模仿虎、鹿、熊、猿、鸟五种动物姿势动作"引輓腰体，动诸关节"，创编了著名的"五禽戏"，学生跟着他练习，健康长寿功效明显。

秦汉时期神仙信仰盛行，导引行气成为"黄老道""方仙道"术士们追求长生不死的技术方法。东汉后期道教的建立，促进了导引行气向健身长寿的养生功能方向发展，这一时期不仅产生了很多导引术势，还出现了很多行气术的技术流派，如服气、闭息、存思、内丹、转气、调气、咽气、行气、炼气、委气、闭气、合气、用气、食气、淘气、养气等。

魏晋南北朝时期养生学的代表人物是葛洪与陶弘景。葛洪（约283—363年），字稚川，号抱朴子，是东晋时期著名的道教学者。他的代表作为《抱朴子内篇》。葛洪主张养生应在"不伤"的基础上"藉众术之共成长生"，综合运用各类养生术来达到健康长寿以致成仙的愿望，在中国古代养生思想和理论建设上作出了重要贡献。陶弘景（456—536年），字通明，南朝文梁时著名道教学者和养生家。陶弘景继承了葛洪全面养生的主张，他撰写的《养性延命录》《导引养生图》等堪称这一时期导引行气术的集大成者。他们的养生思想都对后世产生了极大影响。

五、投壶、博戏与围棋

投壶（图5-16）是中国也是世界上流传时间最悠久的一种游戏。从先秦时期一直流传到清代，时间长达近3000年。投壶是由先秦射礼演变而来的一种投掷竞赛游戏，其方式是在一定距离内，将箭杆掷入特制的壶内以决胜

图5-16　汉投壶图画像石

负。早在春秋战国时期，贵族、士大夫便模仿射礼的制度规则，以酒壶代替箭靶，将户外进行的射礼变为室内进行的投壶。投壶常在皇室贵族宴会上进行，与射礼一样有着十分复杂的礼仪与规则，兼有礼制教育与娱乐的双重功能。汉代投壶十分流行，发展出了专用于投壶的箭与壶。四川、山东、河南等地出土的汉代画像砖中有很多投壶的画面，国内很多博物馆也收藏有各个时期投壶专用的陶壶、铜壶、铁壶等。

据有关史料记载，古代投壶比赛一般由两人以上进行，有严格的规则和礼仪，并设有"司射"作为裁判和计分。箭以柘木或棘木制成，大端为"本"，小端为"末"。投掷的距离有三种：室内为5尺，大堂中为7尺，户外为9尺。参赛者须在规定的距离外将箭的小端掷入壶中方为"中"，得到一"筹"（分）。12筹为一局，采取三局两胜制。春秋战国时期投壶有繁缛礼仪，秦汉以后仪式性减弱，娱乐性逐渐增强，还出现了各式各样的掷法比赛。比赛时，往往还有"雅歌"伴乐和击鼓助兴。

博戏又称为六博（图5-17），亦作陆博，是中国古代一种赌输赢、角胜负的游戏。据文献记载，至迟在战国时期便出现了博戏，汉晋时期十分流行，在文献中有各种记载。国内外各大博物馆收藏的汉代各种六博文物也较多，如画像石砖、陶俑等。这种

图5-17 汉绿釉六博俑

游戏比赛是二人相对而坐，各用六支箸和六个棋子，箸是一种长条形竹片，功能类似后来骰子。比赛时两人在一个刻有12道线的棋盘上进行游戏。

围棋，古代又称为"弈""手谈"等。关于围棋的起源有各种说法。文献典籍中有关围棋的最早文字记载见于《左传·襄公二十五年》，可见围棋至迟在春秋中期已经出现。两汉时期围棋逐渐流行起来。很多汉代的文献典籍都提到了围棋，如西汉杨雄的《方言》、东汉许慎的《说文解字》、班固的《弈旨》、马融的《围棋赋》、李尤的《围棋铭》等。两晋时期，由于时尚风

气的变化，围棋在宫廷士大夫阶层中十分盛行，出现了很多围棋名家高手和理论著述，如范汪的《棋品》五卷等。南北朝的宋、齐、梁、陈四个南方政权的帝王，如宋文帝、宋明帝、齐高帝、齐武帝、梁武帝等都酷爱围棋，以致围棋成为从宫廷到民间都极为普及的游戏活动，出现了棋品等级制度。围棋在这一时期还传到了朝鲜与日本。

❓问题与思考

1. 西周"六艺"教育中哪些内容与体育有关？

2. 简述先秦诸子百家中主要学术流派的体育教育思想及实践特点。

3. 以《鞠城铭》为依据，谈谈汉代蹴鞠的发展与特点。

4. 试述先秦的养生思想与实践活动。

5. 试述汉代百戏中的体育活动。

📖拓展阅读书目

1. 习云太. 中国武术史［M］. 北京：人民体育出版社，1985.

2. 任海. 中国古代体育［M］. 北京：中国国际广播出版社，2011.

3. 崔乐泉. 中国体育通史［M］. 北京：人民体育出版社，2008.

[名师讲堂]

中国古代体育文化的演变脉络

百戏中的体育表演活动

体育史

第六章

中国古代体育的演进与发展

从公元 581 年隋朝建立，经唐、五代、宋、元、明到清中期，是中国大一统专制帝国由鼎盛走向衰落的时期。其间，中国虽几经王朝换代，但没有再出现南北朝那样长时期的分裂与战乱。中国的统一强盛与经济文化大发展为古代体育提供了丰厚的条件与土壤。与此同时，中外文化交流为中国古代体育增添了新的元素与内容。这一时期，中国古代体育走向了成熟，不仅拥有以"三大球"与相扑、武术等为代表的活动内容体系，而且出现了世界上最早的体育组织和全国性赛事。

第一节　中国古代"三大球"的兴盛

中国古代球类运动十分发达。除了战国时期产生的蹴鞠以外，马球（击鞠）是唐代最为流行的运动。宋代由于城市商业的繁荣和市民阶层的兴起，使蹴鞠进入一个空前普及和发展时期。唐末至宋代由马球衍生出了捶丸运动。马球（击鞠）、蹴鞠、捶丸也被称为中国古代"三大球"，是中国古代竞技体育发展的典范与代表。

一、马球（击鞠）的兴起与发展

马球在中国古代称为击鞠、打球、击球等，是一种骑在马上挥杖击球以决胜负的竞技项目，主要盛行于唐代，宋、明两代也有开展。

关于古代马球的起源，目前尚无定论。国内外学术界一般认为，马球最早起源于波斯，唐初经由吐蕃（今西藏）传入中原并得到广泛流传。中国古代文献典籍最早提到马球的是唐玄宗时封演所著的《封氏闻见记》，其中记载了唐太宗时马球经由吐蕃人传入长安的情况，以及唐中宗时的一次与吐蕃使者之间的马球比赛。

目前国内最早的马球考古是 1972 年发掘的唐章怀太子李贤墓中《打马球图》（图6-1）壁画。图中绘有二十余位骑手手执球杖骑马打球，比赛场面十分激烈，生动展现了唐代马球运动的比赛场景。1995 年，考古工作者发掘了唐节愍太子李重俊墓，其墓道西壁也有《打马球图》壁画。章怀太子和节愍太子都是初唐时的皇子，由这些壁画可见，初唐时期马球是当时皇族、上流社会中十分流行

图 6-1　唐章怀太子墓壁画
《打马球图》局部

的运动。

唐代皇族和上流社会继承了南北朝时期北方民族豪迈雄阔的气质与性格。因此，马球这种对抗激烈且有一定危险性的运动在唐代受到从皇族胄勋乃至文人士大夫普遍的喜爱。史书记载，唐朝历代皇帝都酷爱打马球，并在长安大明宫内修建有多处马球场。考古工作者曾在西安的唐代长安大明宫遗址中发现一块刻有"含光殿及球场等大唐太和辛亥岁乙未月建"字样石碑，表明这里是831年11月唐文宗李昂时开建的马球场。

马球在唐代也是重要节日和庆典活动的表演项目。其中有名的是科举考试发榜后举行的"月灯阁打球之会"。参赛双方是从皇家卫队"左右神策军"中选拔出来的"击球军将"，其观众达数千人之多。

马球在唐代还是军队骑兵的训练科目。全国各地的马球场也是军队的训练场。1958年，考古工作者在福州市发现了一块唐代的《球场山亭记》残碑，其内容是唐代福州刺史修建马球场用作军队训练的过程。中唐时期徐泗节度使张建封是著名的文人将军，他将马球作为一项重要的练兵手段，经常亲自和将士挥杆驰骋打球。

在马球盛极一时的习尚下，大约从盛唐开始，出现了女子打马球。这些参与打马球的女性主要是一些女伎。这些女性受到专门训练以陪王公贵族打马球，或在宴会上打马球表演。为了适应女子打马球的特点，还出现了骑在驴背上打球的"驴鞠"。晚唐五代时，宫廷中也有皇帝的嫔妃和宫女打马球。如五代时前蜀皇帝王建的妃子花芯夫人就喜欢和宫女一块打马球，还写下了打马球的《宫词》。国内外很多博物馆收藏有唐代女子打马球陶俑，是研究唐代女子打马球的珍贵文物。

宋明时代，马球是一种宫廷表演活动。由于风气习尚的变化，宋朝帝王贵胄和士人不再亲自上马打球，只是在宫廷中设有职业的"打球供奉"或受过训练的宫女进行马球表演。故宫博物院藏有明代的《宣宗行乐图》，上绘明宣宗朱瞻基观看打马球的场景。清代由于满族统治者习尚的变化，马球从此退出了历史舞台。

古代马球也是一项"国际交流项目"。早在初唐，唐朝就与吐蕃进行过马球比赛。当时尚是临淄王的唐玄宗李隆基与三位贵族子弟出战吐蕃十名高手，竟然取得了胜利。与宋同一时期的辽、金、元等国马球也十分流行，在各种重要节庆和典礼期间都要举行马球比赛。

马球是一种高消费运动。马在唐、宋、明都属于战略物资，只有上层社会、官府和军队才能拥有马匹。加之场地、器材、人员等原因，一般百姓无法望津，是皇族胄勋和上层社会的垄断品。这是马球与蹴鞠的不同之处。从有关文献和文物推断，古代马球不像现代有统一的规则和标准。古代马球场大小没有固定标准，根据宫殿前的广场或自然环境空间可大可小，大的可设双球门，小的可设单球门。比赛时参赛人员也无定数，应为比赛前双方根据场地大小等因素临时约定。马球球门高丈余，下面开洞，所用之球是用拳头大小的软木制成，外面包裹红漆或软皮革。球杖以藤条制成，前端呈弯月形，称为"月杖"。这些在章怀太子墓壁画《打马球图》等考古文物中都有表现。

二、蹴鞠的演进与兴盛

蹴鞠经过汉代的繁荣后，因东晋十六国和南北朝长期分裂与战乱，这一时期无论文献典籍还是考古发现都没有关于蹴鞠的记录，反映出这一时期蹴鞠的衰落。进入唐代以后，文献典籍中出现了很多关于蹴鞠的记载，说明蹴鞠随着中国进入新的统一与和平时期而得到了传承与复兴。

汉代蹴鞠用的是实心皮革球，约在中唐时期出现了充气球，这为蹴鞠带来了革命性的变化。这种充气球外表以皮革分瓣缝成，内胆用猪、牛一类大型动物的膀胱制成，充上气后便成为"气球"。宋代仅汴京（开封）专门制作"气球"的作坊就有数十家，且各有品牌字号。这种充气球与实心皮

唐诗中关于充气球的故事

革球相比，重量轻、弹性好、易制作、价格便宜、踢法多样，不仅导致蹴鞠的规则和技术发生了巨大变革，而且迅速在社会普及开来，很快发展成为上至皇室贵族、下至平民百姓都十分喜爱的运动项目。

由于充气球的发明，出现了"白打"和"筑球"等新的竞赛规则和竞技项目。"白打"是两人或多人在一定场区内进行蹴鞠技巧比赛，按参赛人数

多少分为"二人场户""三人场户"直至"十人场户"。比赛时要求参赛者用脚、膝、肩、背、头等身体部位控制球的跳跃滚动，展示高超的技巧和各种花样，在裁判的裁决下分出胜负输赢。"筑球"是有球门的蹴鞠比赛。球门的样式是在球场中央立两根高约三丈的竹竿，上部结一网，网中有一直径一尺左右的洞，称为"风流眼"。比赛时参赛双方各出六人，分立球门两边，开球后本方球员将球颠给技术最好的"球头"射门，球若穿越"风流眼"就得一筹（分），积分多者为胜。

蹴鞠在宋代发展成熟，进入了这项运动的巅峰时期。由于宋代城市的发展、商业的繁荣及市民阶层的兴起，蹴鞠（图6-2）成为最为流行普及的全民体育活动。宋朝皇帝如太祖赵匡胤、太宗赵光义（图6-3）、徽宗赵佶等都酷爱蹴鞠。皇宫中还有专业的蹴鞠表演队，称为"左右筑球军"。每逢宫中举行大型宴会和庆典时，"筑球军"都会举行蹴鞠表演。与唐代马球不同，充气球的发明使这项运动不仅技术娱乐性强，而且费用低廉，简单易学，一般平民也可以参加，成为真正的全民运动。宋人所著《东京梦华录》记载，当时出城探春时场景是"举目则秋千巧笑，触处则蹴鞠疏狂"，可见宋代蹴鞠的普及程度。

图6-2 彩绘童子抱鞠俑

图6-3 元 钱选 宋太祖蹴鞠图

宋代蹴鞠发展的一个重要标志是出现了类似现代体育俱乐部的全国性蹴鞠组织，称为"齐云社"，又称"圆社"。北宋时期齐云社的总部设在首都汴京（开封），南宋时期总部设在都城临安（杭州）。齐云社有固定场所，祭拜蹴鞠神"清源妙道真君"（二郎神），制定有严格的社规，包括入会的标准、仪式、礼仪、比赛规则等。齐云社经常举行各类比赛，还组织全国性的比赛，称为"山岳正赛"。齐云社的出现使宋代蹴鞠进入了规范化、标准化发展阶段，这在当时是绝无仅有的。

宋代还出现了很多蹴鞠明星，如北宋汴京皇家筑球军球头苏述、孟宣等，南宋临安皇家筑球军球头陆宝、张俊、李正等，都是当时名动一时的蹴鞠高手。宋代民间也有很多蹴鞠表演高手，如临安的黄如意、范老儿、小张、张明、蔡润等。当时还有因蹴鞠技艺高超受皇帝赏识而位至高官者，其中最有名的当数北宋末年的高俅。他本是苏东坡的书童，后因踢球技术好而受到宋徽宗的厚爱，官至殿前步军都指挥使。

元朝是蒙古人建立的政权，蹴鞠作为汉文化受到抑制，齐云社一类蹴鞠组织不再存在，各类正规比赛活动也都消失，但民间蹴鞠仍然流传。这种情况一直延续至明代。值得一提的是，明代出现了多种蹴鞠专著，留存至今的有汪云程所撰的《蹴鞠图谱》、无名氏所著的《戏球场科范》和《蹴鞠谱》等。这些专著都详尽地记载了当时蹴鞠运动的规则、要求、技术、场地、器材、设施、术语等，为今天了解和研究古代蹴鞠提供了宝贵的资料。

进入清代后，因民族习性风气的改变，流传近两千年的蹴鞠从中国的社会生活中消失了。

三、捶丸的演变与流传

捶丸是中国古代一种执杆将球打入球洞以决胜负的运动，其是从马球演变过来的"步打"。

唐代马球盛极一时，但打马球对于普通平民而言最大的问题是马匹十分昂贵且受限制。于是，大约中晚唐时期一些人就将马球搬到地上，用球杆击球入门，这就出现了步打。目前考古发现最早的步打球文物是在河南郑州出土的一个唐代白瓷罐，罐高40厘米，上绘有一人站立，左手执一柄头部呈弯月形的球杖，旁边还有一球。文献中最早记载步打的是，唐代诗人王建写的宫词"殿前铺设两边楼，寒食宫人步打球"。这首诗描写了寒食节时宫女在皇帝面前表演步打时的场景。步打是马球的一种变化，还称不上是一项新的运动。

在步打基础上，演变出了一种新的运动，这就是捶丸。捶丸与步打最大的区别，是将原来模仿马球将球打进球门改变成了将球击入地面上的球窝。据元代《丸经》一书记载，宋徽宗、金章宗"皆爱捶丸"，可知这一运动至迟在北宋末年就已形成。河

图 6-4　山西洪洞县广胜寺水神庙
《捶丸图》壁画

北博物院和成都体育学院博物馆收藏有宋金时代磁州窑童子捶丸陶枕，上有一孩童正挥杆击球。现存于山西洪洞县广胜寺水神庙元代壁画《捶丸图》（图6-4）中，两男子在云气树石间手执球杖正要将球击入球穴，形象地展现了捶丸的场景。

《丸经》是现存唯一有关捶丸的古代文献。该书作者题名为"宁志斋老人"，作于元朝至元十九年（1282年）。书中详细记载了捶丸的礼仪、方法、规则、要求、场地、器材、设施等，从中可以看出至迟在元代，捶丸已经是一项十分成熟的竞技运动。

捶丸在明代仍然十分流行。现藏故宫博物院《明宣宗行乐图》（图6-5）中绘有明宣宗朱瞻基捶丸的场景。上海博物馆藏明代杜堇所绘《仕女捶丸图》（图6-6），上绘四名妇女手执球棒击球的场面。

图 6-5　《明宣宗行乐图》

图 6-6　明杜堇《仕女捶丸图》局部

捶丸的特点是运动量不大，简单易学、因地制宜，娱乐性强，男女皆宜，因此在宋元明时期深受欢迎。捶丸所用之球是用瘿木或一种绞胎彩纹陶球制成。成都体育学院收藏有一枚珍贵的宋代瘿木捶丸球。从有关文物图像看，捶丸的特点是单手执杆击球，这一特点决定了捶丸是在较小的场地上进行，这种场地通常是大户人家的庭院或户外依山傍水树石相间的地方。捶丸场地上有事先挖好的球穴，旁插彩旗作为标识，距球穴一定距离内还画有击球点，称为"球基"。比赛所用球杖称为"棒"，有各种长短形制，供打球者在不同情况下选用。比赛时人数可多可少，多至几十人的叫"大会"，七八人参与的叫"中会"，五六人的叫"小会"，两人对抗比赛称为"单会"。比赛时每人击三棒，三棒均将球击入穴者得 1 筹（分），先得 10 筹者为胜。也有以先得 15 分（中筹）和 20 分（大筹）为胜者的。

清代以后，文献中则罕见有关捶丸的记载，反映捶丸与蹴鞠等运动一样在清代衰落以至消亡。

第二节　民俗民间体育活动

唐宋元明时期直至清代，随着社会经济的发展，市民文化日益丰富，各类体育娱乐活动普遍开展。

一、摔跤运动

摔跤在唐代多称为角抵，宋代又称为相扑，另外还有角力、争跤等说法，清代称为布库、撩脚或蹪跤等。

唐朝角抵在宫廷和民间都十分盛行。唐宫廷中专门在"内园"中豢养有职业的"角抵之徒"，他们在节庆酒宴上裸袒相搏较力，以分胜负。考古工作者在敦煌莫高窟藏经洞发现唐代幡画上有相扑图，上有两壮士赤裸上体，下身仅穿兜裆，相扭而搏，酷似现代日本相扑。

宋代是中国古代摔跤运动发展的巅峰时期。这一时期摔跤多称为"相扑"或"争交""角力"等。宋代宫廷中豢养有120名经过训练的专业相扑手，称为"内等子"。他们通常从禁卫军中选拔出来，然后编入专门的机构进行严格训练，并通过比赛分出等级，再按等级"支钱粮有差"。内等子的主要任务除了在节日宴会上进行表演外，还要在皇帝出游时伴随左右充当警卫。

宋代各大城市都有专供民间游玩娱乐和观看表演的"瓦舍"，其中的角抵表演和比赛深受百姓欢迎。宋代寺庙宫观在节庆祭拜之日是人群汇聚之处。南宋都城临安三座最有名的"角抵台"都建在寺庙旁，分别是霍山行祠的"庙上露台上相扑"、护国寺的"南高峰露台争交"、南高峰荣国寺的角抵台。在这些地方经常举行大型相扑锦标赛和大奖赛。

宋代相扑已经发展为成熟的竞技运动，其标志是出现了全国性相扑组织、规则与赛事。宋代全国性相扑组织称为"角抵社"或"相扑社"，其成员大多是职业"角抵手"。这些相扑组织制定了正式的相扑规则，称为"社条"，还设有专门的裁判，称为"部署"。角抵社组织全国性相扑比赛。每年春天各州郡要举行相扑选拔赛，然后各地高手齐聚临安城外南高峰的护国寺和荣国寺，以擂台挑战赛的形式举行冠军总决赛。夺魁者获得旗帐、银盆、彩缎、马匹等锦标，有时甚至还可获得官职。比赛时观者如堵，欢声震耳，场面极为热烈壮观。

宋代也有女子相扑。这些女相扑手称为"女飐"，大多是职业卖艺者。她们通常是在正式的相扑大赛前进行表演以招揽观众。南宋时有绰号为赛关索、嚣三娘、女急快等著名女子相扑手。

《角力记》是宋代相扑专著，作者署名"调露子"。书中对角抵的发展历史进行了阐述，记载了宋代相扑活动开展的情况。

元代角抵没有宋代那样的全国性赛事，但每年的节庆庙会时各地仍会举行角抵擂台赛。比赛时设有"银碗花红表里缎匹"作为"利物"，由上一届擂台赛冠军做擂主，台下任何人都可以上台挑战，胜者成为新一任擂主，并获得奖品。

明代沿用唐代旧称，称摔跤为角抵。明代朝廷宴会常有角抵表演，民间也有职业角抵表演，其比赛形式基本沿用唐宋旧制。从有关史料上看，明代角抵的规模和声势无法与宋代相比。

清代由于统治者禁止，汉民族传统的角抵和相扑失传。但满族传统摔跤"布库"（又名布库、撩脚或蹩跤）却在满人中长期传承。清代摔跤有两种形式：一种类似于今天的中国式摔跤，"两两相角，以搏摔仆地决胜负"；另一种称为"厄鲁特"，"袒裼而扑，虽蹶不释，必控首屈肩至地乃为胜"，类于今国际比赛的古典式摔跤。满族摔跤有"官跤""私跤"之分。官跤指善扑营或官方举行的比赛。清宫"善扑营"由"八旗精练勇士"中选出200人组成。竞赛时跤场铺大绒毡，跤手穿褡裢，着短靴，窄袖白布上装，互相扭结抱摔，可以绊足，对方倒地定胜负，胜者有奖赏。私跤指民间流传的摔跤。

二、民俗节令体育活动

在古代，春节、上元、寒食、清明、端午、中秋、重阳等各种节令是人们祭祀、聚会、出游、娱乐的时间，很多体育活动和体育表演成为节令的重要内容。节令活动早在先秦时期就开始形成，至唐宋时期已经形成稳定的体育民俗，如元宵节观灯舞龙舞狮、寒食节蹴鞠与秋千、清明节踏青、端午节龙舟竞渡、重阳节登高等。很多官方的大型体育表演活动也在节令期间举行，如宋代规定每年三月"会鞠于大明殿"等。很多节令体育民俗传承久远，至今仍有强大的生命力。

寒食清明节的蹴鞠与秋千。寒食节在清明节前一二日，曾是古代最重要的祭日，按风俗这一天不生火吃热食，故称寒食节。寒食与清明相连，是民间最重要户外祭祀与娱乐节日，人们会带上熟食去郊外祭祖踏青。大约从南北朝起，男子蹴鞠和女子秋千就成为寒食节的标志性活动。南朝梁时人宗懔的《荆楚岁时记》中记载，在立春之时，民间流行"施钩之戏"（拔河）与"打球秋千之戏"。唐宋诗词中有很多将寒食节、清明节期间男子蹴鞠与女子秋千写在一起的诗句。如唐代杜甫《清明》"十年蹴鞠将雏远，万里秋千习俗同"；晚唐温庭筠《寒食日作》"彩索平时墙婉娩，轻球落处晚寥梢"；宋人夏竦《寒食》"尘微蹴鞠人将散，雨细秋千索半垂"；南宋陆游《晚春感事》"蹴鞠场边万人看，秋千旗下一春忙"等。除了蹴鞠与秋千，寒食清明节人们在郊游时的活动还有牵钩（拔河）、放风筝等。

端午节龙舟竞渡。"龙舟竞渡"是中国历史悠久的传统水上竞技活动。先秦至西汉时期，竞渡是江汉吴越民族祭祀河神的活动。广西、云南等地出土的战国至西汉时期铜鼓上有"羽人竞渡"图像。大致在东汉时期，划龙舟被赋予纪念屈原的意义，由此又成为中

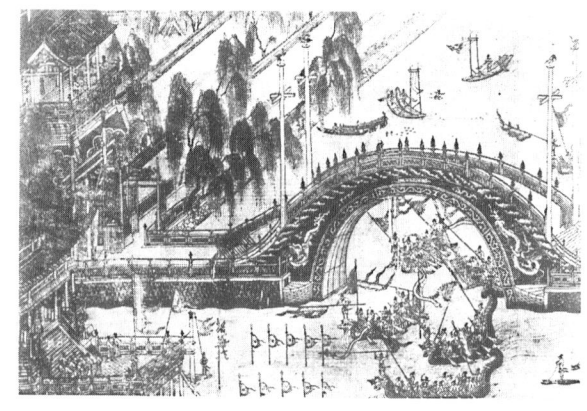

图 6-7　元人《龙舟夺标图》卷局部

华民族精神文化的象征。从唐代始，端午龙舟成为各地官民共同参与的定期民间大型娱乐活动，规模宏大，动辄数十艘巨大的龙舟参赛，为了鼓励竞争，比赛还设置有"锦标"，即在终点竖一竹竿，竿头上悬锦彩，优胜者夺到锦彩就称为"夺标"，这也是今天"锦标赛"一词的来源。宋代龙舟竞渡成为一种娱乐活动，比赛时间不限于端午节，在宫廷举行大型宴乐活动时也有龙舟表演。天津博物院藏有宋代著名画家张择端所绘《金明池争标图》，表现了北宋端午宋太宗亲临汴京（开封）金明池观赏龙舟竞渡与民同乐的场景。台北故宫博物院收藏有元代画家吴廷晖的《龙舟夺标图》（图6-7），再现了宋代宫廷端午龙舟竞渡的盛大场面。南宋诗人黄公绍著有《端午竞渡棹歌十首》，描绘了宋代龙舟竞渡的生动画面。明清时期各地端午龙舟竞渡沿袭了唐宋习俗，但形成了各地不同的端午龙舟竞渡的风俗。地方官员也常与百姓

一起参加龙舟比赛的仪式。

重阳节登高。重阳节即农历九月九日。大约从汉代开始，民间形成了重阳节登高（登山）习俗。每年这一天，人们乘秋高气爽之时成群结队登山游玩"以畅秋志"。重阳节登山活动从东汉以后历代相沿，成为古代秋季体育民俗。

冬令冰嬉。冰嬉本是明代东北地区满族的传统体育活动。清朝入主中原以后，将冰嬉带到了北京，成为北方地区民间开展的一项传统冬季体育活动。清朝统治者认为冰嬉是"国俗"，作为典制载入《大清会典》。故宫博物院藏清代宫廷画家所作《冰嬉图》（图6-8），

图6-8　《冰嬉图》卷

表现了清代宫廷冰嬉活动的盛况。冰嬉的内容，除了我们从《冰嬉图》上可以看到的花样滑冰、滑射天球，以及弄筛耍刀、肩上戴人、棍上倒立等冰上杂技等表演性活动外，还有滑擦、打滑挞、冰上蹴鞠、冰床等自娱性冰上运动项目。

在上述节令庆典和日常闲暇中，民间还盛行各种游戏娱乐活动，如射柳、垂钓、投壶、风筝、舞龙、舞狮、斗鸡、高跷、踢毽、陀螺、竹马、滑板、跳绳、围棋、象棋等。

第三节　武举武学与民间武术

一、武举制的创立及沿革

武举制，即通过科举考试的方式来选拔军事人才的体制。这一体制始于唐代，终于清末，在中国实施了千余年。武举制是中国古代科举制度的重要

组成部分，它使军事人才的选拔纳入了科举制度体系。

武举制度始创于唐武则天长安二年（702年）。其目的是在和平时期通过考试制度来选拔武官。唐代武举考试设置的考试科目包括军事技能、体能素质与应对面试三大类。军事技能类考试分为射箭和马枪（骑马刺枪）两项。射箭包括长垛、马射、步射、平射、简射等项目。体能考试分为翘关（举重）和负重（身负重物行走）两项。应对面试包括材貌（观其身材相貌）与言语（应答能力）两项。武举制自设立后，就成为一项重要的军事人才选拔制度。唐代创立的这种包括体能、技能和军事知识的武举考试内容结构，为宋、元、明、清所沿革。

宋代武举科考分为比试、解试、省试、殿试四级考试。"比试"是初级考试，由京城的兵部和地方的帅司主持。主要内容为武艺与程文。"解试"由兵部主持，内容为"弓马武艺试"与"程文试"。"省试"亦由兵部主持，内容有弓步射、马步射、弩踏、抡使刀枪器械等，其中又以步射与马射为主。"殿试"则是由皇帝亲自进行考试，其内容虽仍有阅视弓马武艺一项，但以策问为主，重点考查应试者对时务边防的对策观点，以及有关经史典籍中的军事知识，要求当场写成七百字的呈文。

明代实行卫所制和军户制，制定了更为完善的武举考试程序。武举分为科、乡、会、殿四级考试。科试是基层地方考试，一般在府城一级进行。乡试是更高一级的地方性考试，由科考选拔出来的一、二等武学人才参加，在北京、南京等省城举行，每三年举行一次，中试者称为"武举人"。"会试"在北京举行，每三年一次，由兵部主持，后改由翰林院主持，考中者称为"武进士"。会试考中后，须参加"殿试"（廷试），由皇帝策问后敕封相应的官职。

明代武举科考内容主要分为技能类的"弓马"与知识性的"策论"。考试时分为三场。初场考试为马上射箭，靶置应试者侧面35步外，应试者驰马射9箭，4箭中靶为合格。二场考试"步下箭"，即站在地面上射箭，应试者距箭靶80步，射9箭有中靶者就算合格。三场考策题二道。三场成绩综合起来分为三等，"其答策洞识韬略，作论精通义理，参以弓马俱优者，列为上等。策论颇优而弓马稍次者，列为中等之前。弓马颇优，而策论初知，兵法直说事状，文藻不及者，列于中等之后。"①

清朝以弓马得天下，尤其重视通过科考选拔军事人才。清代武科与文科一样，分为童试、乡试、会试和殿试四级。"童试"是初试，每三年举行一次，分为县、府、院三级考试。参考者称为"武童"，中者为"武生"或"武秀才"。"乡试"在北京及各省城举行，三年一科，应试者为县、府武生。中者为"武举人"。"会试"在北京举行，亦每三年一科，由兵部主持。考取者称"武进士"。"殿试"由皇帝及其委派的大臣主持，应试者为武举进士，其成绩分为一、二、三甲。第一甲三名，赐"武进士及第"，第一名为"武状元"，第二名为"武榜眼"，第三名为"武探花"。二甲赐"武进士出身"，三甲赐"同武进士出身"，分别以武职录用。

清代武举考试科目按内容分为三场，第一场考军事技能，第二场考体能素质，这两场因在户外举行，故称为"外场"。第三场考文试，称为"内场"。第一场军事技能主要考试科目为"马箭"和"步箭"。马箭即骑马射箭，童试三箭中一为合格，乡、会、殿试三次发九箭，中二箭者为合格。"步箭"考试应试者距箭靶80步，童试发五箭中二箭为合格，乡、会、殿试发九箭中三者为合格。第二场考试称为"技勇"，即体能素质考试。其内容分为三项，分别是开力弓、舞大刀和掇石（将大石举至胸前），都是力量型项目。

清光绪二十七年（1901年），清政府实行"新政"，废科举、兴学校，由此实施了1199年的武举制被废除。

武举制的创设，使民间下层人士能以通过考试成为军队高级人才，由此极大地刺激了民间尚武习武热情，并围绕武举应试科目形成了一个从体能到技能的武学训练体系。以现代标准看，古代武举考试制定的标准和要求是很高的。为了参加武考，来自民间的应试者必须针对武举体能与技能考试科目进行长期系统的训练。一些地方官府为了鼓励考生参加武考，也在乡里设置了各种训练器材，延聘专业教师，开展骑射教学，从而推动了民间武术的形

①[明]王圻. 续文献通考［M］. 卷三十九《选举》. 杭州：浙江古籍出版社，1988：3179.

成与发展。

二、武学的创立与发展

武学是宋明时期朝廷为培养军事指挥人才而建立的军事学校。武学的出现始于宋代，共实施了 600 余年。

武学是武举的配套制度。由于宋代边患严重，西夏、辽、金、蒙古等政权先后对宋王朝构成了严重威胁。为了适应政治与军事的需要，北宋仁宗庆历三年（1043 年）设置了专门培养军事人才的武学。这是中国最早的职业军事学校。此后几经兴废，至南宋高宗绍兴十六年（1146 年）重建后，武学终于成为定制。

宋代武学的生源一般为大臣命官子弟或门生，也有经官员保荐的民间有"材力"者。入学前须先考察弓马技艺，达到一定标准者方能入学。北宋时武学生员编制为二百人，南宋时生员编制限为百名，学制均为三年。武学教官称为"教授"，后改称"博士"，选文武官员中知兵法者充任。其课程主要有操练弓马，学习兵法，还讲授"历代用兵成败，前世忠义节"。学生经严格的考试后方能毕业，然后被派送到禁军任下级军官。三年后经考察合格，可升任禁军将领。

宋代实行募兵制和禁军制，通过武举和考试来选拔军官，又在禁军中设立专事训练的教头。宋神宗元丰三年（1079 年）颁发了《教法格并图像》，以口诀图像形式，对军队的步射、执射、执弓发矢、骑射、马上使枪、马上野战、格斗技艺等制定了统一的训练标准。这些标准的制定促进了武学教学训练内容的规范。

武学的建立使军事人才培养进入了正规学校教育体系。包括体能训练与军事技能训练在内的军事体育是武学重要的教学训练内容。武学为军队培养了大批军事人才，为当时增强国防、解除边患和维持社会稳定起到了一定作用。

明代继承宋代武学体制，不仅在京师建立武学，还在各地卫所建立地方武学。一些地方书院受此影响，也"设科分教"开展武学教育。如嘉靖年间的肆武书院、辽武书院等。至明末崇祯时，因内忧外患，战祸四起，亟须大批军事人才，更诏令各府、州、县皆设武学生员，由官方一体考取。只是这样临时抱佛脚的举措，已不足以拯救处于农民起义和边患危机双重打击下风雨飘摇的明王朝了。

明代除了官办的武学外，一些私人开办的书院也重视培养文武全才。如明末著名思想家颜元（字习斋）出于其"以动致强"的教育理念，要求学生除学习经学知识外，还要习射、举石、超距（跳跃）、技击、歌舞。遗憾的是，颜元这样主张文武并重的教育家在明代实在如凤毛麟角。

清朝以八旗部族为中心，保持满族传统的军事教育与训练体制，通过武举和军功选拔军事指挥人才，实施了600余年的武学因此被废除。

三、武术体系的形成与发展

武术是中国古代的民间搏击格斗技艺，在不同时期有不同的称呼。汉代称为"私剑""手搏"（手臂、手弁）；宋明称为拳法、拳脚、拳棒等；晚清称为技击、武术；民国称为国术。现代所说的武术是一种经过改造的民族传统体育运动项目。

武术本质上是一种民间技艺，这与军事性质的武艺是不同的，但两者又有密切的关系。如剑本是先秦时期的战争武器，但在战国时期开始向"私剑"方向发展，并出现了"越女剑"那样的民间剑法流派。汉代剑为铁刀所取代，退出了战场，演变为防身之器和王公贵族的佩带装饰，剑术也因此朝着防身、健身、表演等方向发展，成为独立于军事武艺之外的民间技艺。

唐代因武举制的设立，刺激了民间习武的热情，促使很多低层武士通过习武考取功名，有力地推动了民间武术的发展。剑术一类民间技艺虽然在汉代已经十分兴盛，但到了唐宋时期，其更加向表演化和艺术化方向发展。如剑术名家裴旻的剑术表演与李白的诗、张旭的草书并称"三绝"。

宋代统治阶级为防止农民起义，严禁民间私藏兵器。这一举措反而刺激和促进了拳术和棍棒一类民间武技的流传。宋代城市和演艺活动的发展促使很多武艺社团组织出现，如南宋都城临安就有使棒的"英略社"、射弩的"锦标社"、摔跤的"相扑社"等民间社团。另一方面，宋王朝与辽、夏、金、元的战争也促使民间习武结社自保。如北方民间自发组织"弓箭社"，选举武艺高强者为头领，"带弓而锄，佩剑而樵"。

明代是武术形成发展的重要时期。在明代以前，武术相对于军事武艺的特质还不明显。至明代中晚期，以拳、棍、剑等为代表的武术脱离了军事武艺，表现出鲜明的民间文化与技艺特征，出现了不同流

图 6-9　少林寺白衣殿武僧演武图

派，套路也开始形成。明代名将戚继光所著的《纪效新书》中列举了当时流行的拳术，有宋太祖三十二势长拳、六步拳、猴拳、囮拳等十六家拳法。明人郑若曾所著的《江南经略》列举了赵家拳、南拳、北拳、披挂拳、猴拳等十一家拳法。少林拳（图6-9），也在这一时期开始彰显。明人程宗猷所著的《耕余剩技》收有《少林棍法阐宗》三卷。明末黄宗羲所撰的《王征南墓志铭》提到当时武术有"外家"与"内家"之分，指出"少林以拳勇名天下，然主于搏人"，是为"外家"；而"内家"的特点是"以静制动，犯者应手即扑"。这些都是明以前未曾出现过的。武术在明代还传播至日本、韩国等周边国家。明人陈元赟把中国的少林拳法传播至日本，并在其基础上创编出柔道，被日本尊为柔道之祖。

清朝统治者入关后严格禁止民间武术。直至清末太平天国起义和义和团的兴起，民间武术才迎来又一个发展高潮。

第四节　养生思想与导引行气的发展

隋唐时期中国传统养生理论建设取得突出成就，医疗导引术与养生导引术都形成了相对成熟的学术与实践体系。《隋书·经籍志》《新唐书·艺文志》《云笈七籤》等典籍中所载导引行气专著多达百余种。唐代道教思想家

吴筠提出"我命在我不在天"的积极养生思想。唐代名医孙思邈提出了"养性之道，常欲小劳"观点，主张小运动量运动养生观。唐代著名道士司马承祯（647—735 年）所著的《天隐子》和《服气精义论》，是唐代重要的养生理论专著之一，其中对导引行气理论进行了较为全面的阐述。

隋唐时期，导引按摩作为一种医疗手段，是官方医疗体系中的重要内容。隋唐太医署皆设有"按摩博士""按摩师""按摩工"等职务，"掌教导引之法以除疾"。隋代巢元方所著的《诸病源候论》，其医疗手段主要为导引行气治病法，记录了养生方120条，导引行气术势278条，是汉代以来医疗导引术之集大成者。另外，如《备急千金要方》《外台秘要》等医典，都记载了很多医疗导引术，显示了导引行气术在当时医疗体系中的地位。

隋唐时期以保健为目的的养生类导引行气术获得了重要发展。无名氏所编的《古仙导引按摩法》辑录了太清导引养生经、宁先生导引法、彭祖导引法、王子乔导引法等八种导引术，以及蛤蟆行气法、龟鳖行气法、雁行气法、龙行气法、淘气诀、咽气诀，为后世养生家所重。在静功领域，隋代道士苏元朗继承发扬了东汉魏伯阳《周易参同契》的理论和方法，开启了隋唐到宋明盛行一时的内丹炼养体系。

宋代是中国养生术大发展时期。无论是动功还是静功都取得了显著成就。动功养生的代表性成果是"八段锦"（图6-10）的创立。八段锦名称最早见于宋代《夷坚志》《郡斋读书志》等书。这一术势首见于南宋曾慥所著的《道枢》，后世流传甚广，并屡有增补。"八段锦"由若干种不同的导引动作和方法组成套势，并以歌诀的形式流传，有立势和坐势两种。宋代静功以内丹影响最大，其代表人物是北宋人张伯端及其所著的《悟真篇》。内丹是一种将心理修炼与呼吸吐纳相结合的静功方法。其主要特点：一是采用黄老思想、周易卦爻体系加上"外丹"炼制术语体系（炉火）来构建其理论体系；二是在方法上通过意念作用与呼吸技巧相结合来调动体内"元气"循任督二脉运行，以实现健身和"长生"的目标。金元时期道教全真派创始者王重阳强调"性功"在内丹修炼中的地位和作用，提出了"先性后命"的理论体系与实践方法。

图 6-10　八段锦

由于内丹一类静功理论与方法都十分复杂，且宗教色彩较为浓厚，常人习炼不易，因而简单易学、效果显著的动功导引术在民间受到极大欢迎，使导引术在明清时期逐渐取代了静功的地位，成为养生主流形式。明清时期出现了很多著名养生家和导引术势，如《修龄要旨》导引却病八法、《寿人经》导引诀八法、方开延年九转法、《养生随笔》卧式导引五法、立式导引五法、坐式导引十法等。

明清时期形成了导引三大流派：一是以明人朱权《活人心法》为代表的养生导引术系统，其特点是继承华佗《五禽戏》传统，以健身长寿为目标，以套路口诀为主要形式；二是以明人曹士珩《保生秘要》为代表的医疗导引术系统，继承汉代《引书》《导引图》和隋代《诸病源候论》传统，以针对特定疾病施治为目标，以一术（或数术）一病（或数病）为主的散式功法；三是以明代紫凝道人《易筋经》为代表的武术内功系统，其特点是在传统养生导引术改造的基础上，以强身壮体、使气发力为目的，形成中国传统武术独有的身体素质训练方法体系。以上三大流派的形成是中国古代导引术发展成熟的标志。

？问题与思考

1. 唐代马球有何特点？

2. 唐宋蹴鞠运动有哪些形式？其特点如何？

3. 什么是捶丸？它有哪些特点？

4. 简述中国古代摔跤活动的主要内容与特点。

5. 什么是武举与武学？它们在中国古代体育史上有何意义？

6. 明清导引三大技术流派有哪些？

拓展阅读书目

1. 习云太. 中国武术史 ［M］. 北京：人民体育出版社，1985.

2. 任海. 中国古代体育 ［M］. 北京：中国国际广播出版社，2011.

3. 崔乐泉. 中国体育通史 ［M］. 北京：人民体育出版社，2008.

[名师讲堂]

中国古代蹴鞠运动的发展与演变　　　　　马球

武艺与武术　　　　　导引

第七章

晚清西方体育的传入

　　中国近代体育，系指从 1840 年到 1949 年这一历史时期在中国流行和实施的体育。这一时期中国体育发展的背景是在 1840 年的鸦片战争后，西方列强凭借"坚船利炮"打开了中国的国门。面对深重的民族危机与苦难，中国部分知识精英也主动引进和学习西方国家先进的思想与技术，寻求"救亡图存""强国强种"之路。从 19 世纪下半叶开始，西方近代体育通过不同途径传入中国，至 20 世纪中叶逐渐成为中国学校体育和社会体育的主要内容与模式。与此同时，以"国术"为代表的民族传统体育得到重视并获得重要发展。

第一节　西方近代体育传入中国

1840 年鸦片战争以后，西方列强依靠其先进的军事技术打开了中国"闭关自守"的大门。晚清大批外国人来到中国从事各种职业的同时，也带来了西方近代运动项目。与此同时，近代中国知识精英也怀着"救亡图存""强国强种"的强烈愿望主动向外国学习。清政府面对深刻的政治危机，曾在"洋务运动"和晚清"新政"中，实施"中学为体，西学为用"的方针，颁布了新的学制，采取措施引进西方近代军队和学校体育，派出留学生出国学习体育。至 20 世纪初，以德国"军国主义"体育思想和德日体操为主要内容的近代体育在国内一些大中城市的学校中得到初步开展。

一、洋务运动与体育

至 19 世纪中叶，两次鸦片战争的战败结局，迫使清政府与外国侵略者陆续签订了一系列不平等条约，加剧了中国的社会矛盾，导致太平天国农民起义战争的爆发，严重动摇了清王朝的统治根基。面临内忧外患交困的危急形势，清王朝内部一些有实力的官僚组成了"洋务派"，主张缓和与西方的紧张关系，以"求强""求富"为目标，主张向西方学习，引进西方军事技术，以求"御侮自强"之术。在洋务派编练新式军队、开办军事学堂、选派学生外出留学等活动中，以兵操为主要内容的近代西方体育开始逐渐引入中国，开启了西方近代体育传入中国的先声。

新军与近代兵操。从 1862 年起，洋务派废弃传统的骑射、弓、刀、技勇等武艺操练，大量聘请欧洲英、德、法等国军官，开始仿照西方军队编练新式海陆军，并以西方军队的"兵操"（图 7-1）来加以训练。"兵操"当时俗称"洋操"，是西方近代军队以队列训练和基本军事技术为主要内容的军事体操。洋务派的新军操练，使欧洲军队普遍实施的近代兵操和部分近代体操项目得以较系统地传入中国，对中国近代体育的形成与初期传播产生了较大影响。

图7-1　清朝新式军队操练兵操

军事学堂与体操课程。19世纪下半叶，洋务派为引进西方军事教育体系，培养人才，兴办了福建船政学堂（1866年）、北洋水师学堂（1881年）、天津武备学堂（1885年）、广东陆师学堂（1886年）、广东水师学堂（1887年）、天津电报学堂（1880年）、上海电报学堂（1882年）、南洋水师学堂（1890年）等一些新式军事工业学堂和军事学堂。这些新式学校大多仿照外国同类学校设置课程，一般都设有体操课程，聘用欧洲人担任教习。开设的课程内容有击剑、刺棍、拳击、足球、跳远、跳高、跳栏、爬桅等。此外，在课余还开展游泳、滑冰、木马、单杠、双杠及爬山等运动。当时天津的水师学堂、武备学堂、电报学堂等还举行过校际运动会。

派遣留学生学习近代体育。为培养军事工业人才及军官，洋务派曾选送学生赴英、法、德、美、日等国留学。1872年始，清政府陆续选送4批共120名少年赴美国学习。这些学生在美国接受了近代体育，学会了棒球、足球、橄榄球、赛艇等运动。中国铁路工程的先驱詹天佑组织的"中华棒球队"（图7-2）在当地比赛中屡获佳绩；钟文耀担任了耶鲁大学赛艇队队长，曾率队两次战胜哈佛大学。他们学成归国后，将不少近代

图7-2　中华棒球队

运动项目带入国内。1895 年以后，因受甲午战争的刺激，国内掀起了一股赴日本留学高潮。这些留日学生中有不少是专门学习体育的，回国后成为我国第一代体育专职教师。

翻译西方体育书籍。近代体育传入中国的另一途径，是翻译引进西方体育的有关书籍和知识。洋务运动期间，清政府开始向海外派驻使臣，并令其撰写日记，随时咨报。这些日记中介绍了一些西方体育的概况和相关知识。例如，曾于 1866 年、1868 年、1870 年和 1876 年四次出使欧美的张德彝在《欧美环游记》中，记载了赛马、冰嬉、棋类等体育活动，还翻译了英国人拜森布的《泅水十四论》，成为我国近代游泳史上最早的游泳专论；驻德公使李凤苞长于军事，翻译了德国军官康贝的《陆操新义》（1883 年），是我国已知最早的兵操操典。此外，在华外国人与中国人合作，采用"西译中述、华士秉笔"的方法，亦翻译了一系列国外体育著作，包括英国人庆丕（Paul Henry King）与翟汝州合作的《幼学操身》（1890 年），以及湖北武备学堂萧诵芬、冯锡庚与德国教官瑞乃尔、斯泰老四人共同翻译的《德国武备体操学》。

近代体育在洋务运动时期虽然开始传入中国，但表现出很大的局限性。洋务运动的性质是晚清政府为了维护自己的统治，在内忧外患交困的危急形势下的一场自救运动。洋务运动期间，清政府实施编练新军、实施兵操、创办新式学堂、派遣留学生等，使西方近代体育的一些方法随之在中国传播。这一时期引进的主要是兵操，实施的载体是"新军"和一些军事学校。但在"中学为体，西学为用"的思想指导下，西方近代体育的思想、理论、制度等并未得到重视。

二、"强国强种"与中国近代体育的传播

1894 年中日甲午战争中清政府惨败，中国民族危机愈加深重。19 世纪末至 20 世纪初，许多知识精英与仁人志士主张通过社会改良来实现救亡图存，提出了一系列包括教育和体育在内的变法主张，希望通过学习西方，改良社会，使中国走上富强的道路。由于这些知识精英在当时具有巨大社会影响力，

因而其主张对推动和促进近代体育传入中国产生了重要影响和作用。

康有为（1858—1927年）是清末维新派的主要人物。他十分推崇德国的练兵制度与学校教育，认为在列强纷争的时代，各国都重视"尚武"，因而建议学习德国的军事体育来强兵。他在其代表作《大同书》中，根据西方近代教育和体育思想，首次提出了"德教、体教、智教"的全面教育主张。他提出，在各地模仿西方开办各级新式学校，其中必须有各种体育场馆设备。他强调，在儿童与少年的教育中必须注重卫生，把体育放在首位。

梁启超（1873—1929年）是中国近代著名思想家与社会活动家。他提出的"新民说""少年中国说"和"中国的武士道"等思想在当时产生了广泛的影响。他认为，中国的未来必须造就一代"新民"，而"新民"应具有公德、国家、进取、冒险、权利、自由、自治、自尊、合群、毅力、义务等思想和尚武精神。他认为"尚武"是"新民"的重要特性之一，因此必须重视尚武教育与学校体育。由于梁启超在清末民初具有巨大影响和重要地位，因而他的这些主张对推动中国近代体育的发展产生了巨大影响。

严复（1854—1921年）是近代著名启蒙思想家和教育家。他所译赫胥黎的《天演论》、斯宾塞的《劝学论》，以及他所著的《原强》等文，是中国最早的近代启蒙著作。严复在这些及著作中宣传"优胜劣汰，适者生存"和"自强保种"等思想，在当时产生了很大震动。他主张以教育救国，提倡办新学，强调"力、智、德"三育为强国之本。他还根据进化论原理宣传主张运动强身，强调身体是人的一切活动的基础，是国家富强的基础。在他的宣扬下，"自强保种""尚武强国"等思想影响了一代知识精英。

清末"戊戌变法"虽然失败了，但维新派提倡的"富国强兵""强国强种""尚武"等思想和主张却深入人心，体育的重要意义逐渐被教育界和知识界所普遍接受。此外，维新派对缠足陋习的批判，对妇女体育的提倡，也在一定程度上推动了中国女性解放运动的开展，开了我国近代女子体育的先河。

"戊戌变法"失败后，以孙中山为代表的资产阶级革命派开始登上历史舞台。他们力主推翻腐朽的清王朝统治，建立西方式的民主共和国与资本主义制度，改变中国任人宰割和贫穷积弱的现状。资产阶级革命派把体育作为重要的革命斗争工具，积极倡导近代体育，注重体育实践。

孙中山（1866—1925年）是中国近代伟大的民主革命领袖与先行者。他提出了"强种保国，强民自卫"的主张，把强身健体视为国家存亡的前提。孙中山提出加强体育锻炼、强健体魄的观点，认为体强才能自卫，才能保家卫国、强壮后代，永葆国家长盛不衰。作为一个革命家，孙中山高度重视军事体育，认为"非兵力强盛不能立国"。他提倡尚武精神，重视"国术"在振奋和塑造民族精神中的作用，他为上海精武体育会写下了"尚武精神"的题词。由于他的地位和影响，其主张对推动当时"国术"的发展和兴盛起到了很大作用。

三、教会学校与近代体育

近代以来，英、美、法等一些西方国家的基督教会在中国各地开办了不少学校。由于教会学校完全是将西方近代学校移植到中国，因而西方的学校体育制度和田径、球类等运动项目最早大多经由教会学校引入中国。

鸦片战争以后，随着外国传教活动的扩展，外国教会和传教士在中国各地按照西方近代学校模式兴办了许多新式学校，客观上起到了传播近代自然科学知识和推广近代体育的作用。据统计，至1918年，全国各地开办的各类教会学校已达13000余所，在校学生达35万人①。其中，重要的教会学校有15所，如武昌文华大学（1871年）、上海圣约翰书院（1879年）、北京汇文书院（1885年）、苏州东吴大学（1899年）、上海沪江大学（1903年）、上海震旦学院（1903年）、济南齐鲁大学（1904年）、成都华西协合大学（1910年）、南京金陵大学（1912年）、南京金陵女子文理学院（1913年）等。中国近代体育发展进程中，教会学校在传播西方近代体育教育方面起到了重要作用。

由于教会学校是由美、英、法等国家在中国办的学校，因此这些学校将西方近代教育和体育体系完整地搬进了中国。仿照英美国家的教育理念和体

---

①张宪文，张玉法；朱庆葆，陈进金，孙若怡，等．中华民国专题史　第十卷　教育的变革与发展
　　[M]．南京：南京大学出版社，2015：361.

育制度，教会学校中一般不开设体育课，而是根据学生自治原则，建立学生
自治型的体育组织和团体，组建各类运动项目的体育俱乐部，在课余广泛开
展田径、球类、体操等各种竞技运动。在此基础上，各学校之间积极开展校
际运动竞赛。

大约从19世纪80年代起，香港、上海和北京的一些教会学校开始开展
足球运动。19世纪末，随着教会中学和大学在全国各大城市的兴办，竞技运
动在这些学校中普遍开展起来。上海圣约翰书院（图7-3）是中国最早开展
竞赛活动的院校。该校于1890年开始举办以田径为主体的校内运动会，此后
形成传统，每年春秋举行两次。该校还于1896年成立了体育会，负责主办校
内外的竞赛活动。与此同时，北京汇文书院和协和书院也开展了棒球、墙球、
网球、足球等运动。1895年前后，经天津基督教青年会传入的篮球（当时称
为筐球）运动在京津一带的教会学校中开展起来。1898年开始，山东烟台汇
文书院等教会学校举行了以各种游戏性赛跑项目为主的田径运动会。1902年
起，上海圣约翰书院和南洋公学开始举行一年一度的校际足球对抗赛。

图7-3　1902年圣约翰学院的"辫子"足球队

1900年以后，教会学校之间频繁举行田径、球类等项目的校际运动会。
如1904—1908年，上海出现了以一些教会学校为主体的校际田径赛。参加者
为圣约翰学院（1905年升格为大学）、英华书院、苏州东吴大学、南洋公学

等。这些学校共同成立了"中华大学联合体育会"，组织举办了5届田径运动会。烟台、北京等地在19世纪末20世纪初相继出现了教会学校举办的田径运动会。1905年前后，北京汇文书院、河北通州协和书院等学校开展了校际的田径比赛，还经常举行校际的网球、棒球、足球等单项比赛。有的教会学校的中国学生代表队还与欧美等国家在华的商人、军人、外交官等组成的联队进行比赛，多次取得胜利。

早期教会学校在西方近代竞技运动传入中国的过程中起到了重要作用。由于19世纪末20世纪初中国的"官办"和"私立"学校按照政府颁布的学制，普遍实施德日"军国主义体育"和"兵式体操"，因而教会学校中所开展的英美体育体系的竞技运动，如田径、球类等十分引人注目。虽然竞技运动在当时也引发了关于"选手制"和"锦标主义"的争议和批评，但由于竞技运动较之兵操更适合青少年发展的需要，因此教会学校开展的竞技运动对于当时中国近代学校体育的发展产生了重要示范作用。如1913年在菲律宾马尼拉举行的第1届远东运动会上，中华田径队26名选手共得36分，其中来自圣约翰大学的5名选手就取得了26分。

四、基督教青年会与竞技体育在中国的传播

在近代体育传入中国的过程中，基督教青年会对竞技运动的传播和早期竞赛组织的形成起到了重要作用。基督教青年会是基督教新教的社会活动组织之一，其宗旨是通过团体活动、个人品德修养，以及在青少年中组织开展各类体育、文艺与公益活动来进行宗教宣传活动。基督教青年会于1885年由美国的北美青年会引入中国，至1912年已在25个城市105个学校中建立了青年会组织，在当时的各大城市和学校中拥有广泛的影响。近代体育在中国的传播过程中，青年会主要在以下方面起到了重要作用。

宣传西方近代体育。基督教北美青年会重视在青少年中宣传和开展体育运动，先后派遣大批体育干事来华工作。这些来华的体育干事中包括很多著名的体育专家和学者。他们在学校中开办各类有关体育运动的讲座，在学生中传播和开展田径、篮球、排球等运动项目。青年会经常组织青年学生的聚

会和讲座，请体育专业人士宣讲近代西方体育，组织体育表演，并出版体育刊物。例如，天津青年会干事来会理（D. W. Lorous）（图7-4）于1895年9月将篮球运动带入天津，1896年天津青年会在举办篮球比赛时张贴中英文海报进行宣传。上海青年会干事麦克乐（C. H. McCloy）在沪、宁一带的学校和体育团体中进行了多场演说，阐述西方体育的意义与作用。他还创办了《体育季刊》（原名为《体育与卫生》）等杂志，编纂体育运动的教科书，成为当时在华最有影响的外国体育专家。

图7-4　来会理（D. W. Lorous）

培养中国早期体育专业人才。青年会在培养中国早期体育运动专门人才方面做了大量工作。其中，尤以上海青年会体育干事埃克斯纳（M. J. Exner）、斯旺（A. H. Swan）、麦克乐（C. H. McCloy）等人贡献为大。1908年，埃克斯纳在上海创办体育干事训练班，培训内容包括篮球、排球、墙球等项目，由此开创了在华培训体育人才的先例，也为中国培养了第一批竞技运动组织、管理、裁判员、教练员等专门人才。该"训练班"在辛亥革命后改名为"中华全国基督教青年会体育专门学校"，毕业生大多被派往各地青年会任干事，或到各地大中学校任教。1913年，斯旺等人在浙江莫干山开办暑期体育干事训练班。麦克乐除了担任教师、编译教材外，还担任青年会全国协会体育干

国主义体育思想列为主要内容。中国近代体育制度最早确立的《奏定学堂章程》公布后，出现了实行军国教育的要求；1906 年的《学部奏宣示教育宗旨折》提出把"尚武"列为宗旨之一，并且要求中小学堂各种教科书，都必须寓以军国主义；1911 年《请定军国民教育主义案》提出对军国主义教育的具体要求："奏请特颁谕旨，宣布军国教育主义；通令高等小学及与之同等以上之学堂，一律重兵式体操；中等以上学堂，一律打靶，并讲授武学；各种学堂，体操课一律列为主课"；1912 年 1 月 19 日，南京临时政府教育部颁发的《普通教育暂行办法》要求高等小学以上体操科应注重兵式；1912 年 2 月颁布的《学校系统令》（壬子癸丑学制）充分体现了军国教育思想的主导地位，"以兵式体操为主"成为学校体育教学内容；1915 年全国教育联合会提出的《军国民教育实施方案》规定了兵式操等内容。

第二，成立童子军。中国最早的童子军是 1912 年在教会学校的武昌文华书院成立的，此后，上海仓圣明智女子学校也成立了女童子军。1915 年，全国成立了童子军协会。在军国教育思潮影响下，童子军训练很快受到了政府的重视。1919 年，教育部向各省区教育会发布了《推进童子军案》的公函，大力推广童子军。1926 年，童子军改由国民党中央领导，称"党童子军"；1929 年改称"中国童子军"；1934 年又改名为中国童子军总会，由国民党中央训练部领导。

第三，推动中国传统体育发展。在军国主义体育思想影响下，全社会推行西式兵操的同时，也有很多人主张对民族传统体育进行挖掘和整理。在1912 年到 1925 年间，我国出现了一批武术机构和组织，如 1912 年创办的"天津中华武士会""北京体育研究社""北京剑术研究会"、北京的"中华尚武学社"和成都的"四川武士会"；1914 年创办的北京"行健会"；1918年创办的上海"中华武术会""武术学会""上海第一公共体育场国术部"和"北京武术体育会"等。这些机构和组织以推广武术为宗旨，通过举办各种赛会的形式，显示传统体育的力量。

军国主义体育思想支配下的体育手段简单粗暴，枯燥乏味，违背青少年身心发展规律和民主自由精神，因而 20 世纪以后受到广泛抵制，最终遭到唾弃。第一次世界大战结束后，中国一批欧美留学生，反对军国主义体育思想，他们提出了民主、自由、个性的教育理念，要求修改教育宗旨。1919 年 4 月，蔡元培等人提出以"养成健全人格、发展共和精神"为新的教育宗旨，军国主义体育思想成为历史。

二、新学制颁布与设立"体操科"

1902 年，为了实施"新政"，推行教育改革，清政府颁布了《钦定学堂章程》（壬寅学制）。这一学制虽然未能实施，但却是中国第一个正式颁布的近代教育章程。1903 年，清政府又颁布了《奏定学堂章程》（癸卯学制），这是中国近代教育史上第一个普遍实施的学制。这一章程的颁布和实施，结束了中国几千年来教育无章程、教学无体系的状态，标志着包括学校体育在内的中国教育近代化的起步。

1905 年，清政府下令废除科举考试，建立中央教育行政部门"学部"，主持全国的教育改革和新学制的实施。1907 年，学部颁布了《女子小学堂章程》和《女子师范学堂章程》，结束了中国几千年女性被剥夺教育权的历史。至 1912 年民国初统计，全国已建立学校 8 万余所，学生总人数近 300 万人。癸卯学制的实施标志着近代教育制度和体系逐渐在中国确立，为近代体育的普遍实施创造了重要条件。

"癸卯学制"的制定主要参照了当时的日本学制。该学制规定了从初等教育、中等教育到高等教育的三级学校体系，制定了各级各类新式学校的学制、课堂体制和学时标准，以及有关教师、学生的若干规定。在体育方面，"癸卯学制"模仿日本学制，规定"体操科"（图 7-6）为各级各类学校的必修科目，要求"小学堂每星期安排 3 个钟点，中学堂每星期 2 个钟点，高等学堂每星期 3 个钟点的体操课"。学制还规定，"体操科"的内容为"普通体操"和"兵式体操"，并以兵操为主。所谓"普通体操"，是以德国体操和瑞典体操为主，再加上一些轻器械操。"兵式体操"也主要采用德国兵操和瑞典兵操。

图 7-6　晚清时期的小学生在做徒手体操

新学制在短时间骤然推行教育改革和"体操科"，也带来了一系列问题。如推行军训性质的"普通体操"和"兵式体操"，强调学生的纪律与服从，强制性完成规定动作，在一定程度上背离教育规律和青少年身心发展特点。又如，学制短时间内在全国推行，因专职体育师资严重匮乏，造成当时各地学堂只能大量聘任未经专业培训的前军人充任教师，致使体育课教学不规范、不科学，呆板枯燥、千篇一律，加之教师水平低下、简单粗暴，不仅学生厌倦，甚至损害学生身心，造成不良影响，受到社会的普遍诟病和批评。

三、开办体育专科学校

"癸卯学制"颁布以后，全国各地开办各级学校热情高涨，发展迅速。这些新式学校的课程设置大多仿效西方或日本，各门课程的专业教师极为缺乏。尤其是体育课程为新设，师资奇缺，体操教师的来源就成了兴学过程中的一个突出的问题。为缓解各类学堂体育教师不足的问题，全国各地开始举办各种培养体育师资的培训班和专修科，体育专科学校也应运而生。

从 1903 年起，为满足各级学校开设体操课的需要，一些地区开办培养体育师资的体操专修科和短期培训班。如江苏优级师范学堂体操科（1903 年）、湖南体操研究所（1904 年）、中国体操学校（1904 年）、大通师范学堂体操专修科（1905 年）、江苏两级师范体操专修科（1905 年）等。1906 年 3 月，为进一步缓解师资极度缺乏的矛盾，清廷学部通令全国各省在省城师范学堂内附设体育专修科，培养小学体育课程教师，学业时间为5个月，学习内容包括体操、游戏、教育、生理、“教授法”等，中国近代体育专业教育由此产生。

与此同时，一些清末赴日学习教育和体育的留学生陆续回国，也在各地创办培养师资的体操专修科或体育学堂。如1906年开办的云南体操专修科、四川体育专门学堂；1907年开办的成都体育学堂、浙江两级师范学堂体操专修科、奉天师范学堂体操专修科、四川王氏私立树人学堂体操专修科、浙江台州耀梓体育学堂、河南体操专修学堂等；1908年开办的重庆体育学堂、中国体操学校、中国女子体操学校等。其中影响较大的体操学校有以下几所。

大通师范学堂体操专修科。由日本留学生、光复会会员徐锡麟、陶成章于1905年8月创办于浙江绍兴。体操专修科共招3期，学员近300人，开设的课程主要是兵式体操、器械体操和文化课。实行严格的军事化训练和军事化生活。1907年1月徐锡麟去安庆后，由秋瑾主持。同年7月秋瑾被害后，大通师范学堂解散。

四川体育专门学堂。原为四川高等学堂，1906年附设体操科，同年12月改为四川教育专门学堂。学堂学制分为四期，不同学期毕业可担任不同级别学校的体育教师。所学课程包括国文、数学、生理卫生、修身、音乐、瑞典体操、普通体操、木棒、哑铃、球竿、单杠、双杠、木马、舞蹈、足球、兵式体操等。朱德元帅即毕业于该校（图7-7）。学堂于1912年停办。

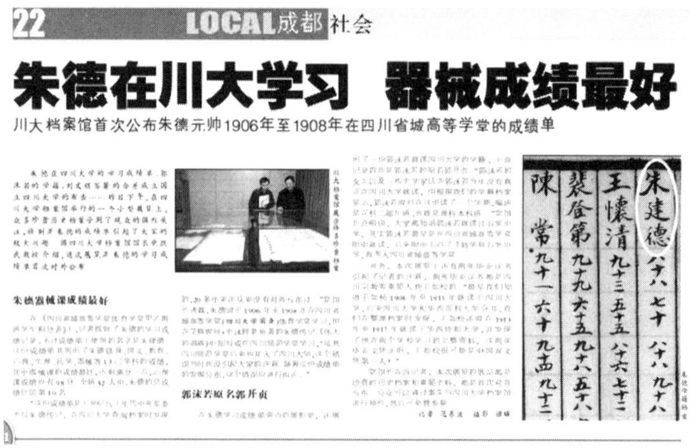
22 LOCAL成都 社会

朱德在川大学习 器械成绩最好

川大档案馆首次公布朱德元帅1906年至1908年在四川省城高等学堂的成绩单

朱德器械课成绩最好

郭沫若原名郭开贞

图7-7　朱德在川大学习

中国体操学校。1907 年留日学生徐傅霖在上海创办，后由徐一冰接办。1920 年后迁至浙江寻镇。该校本着"提倡正当体育，发扬全国尚武精神，养成完全体育教师，以备教育界专门人才"的办学宗旨，克服重重困难，坚持办校 20 年。从 1908 年首届学生入学到 1927 年，共毕业学生 36 届、1531 人。该校为中国近代体育的早期发展培养了大批专业人才，很多人成为 20 世纪早期中国体育的骨干和栋梁之材，是晚清民国办校时间较长、影响较大的私立体育专门学校。

中国女子体操学校。1908 年正式开办于上海，原为中国体操学校的女子部，创办人汤剑蛾，办校的目的是培养女子体操教师及建设女子体操教材。前两届学生少，辛亥革命后学生逐渐增多，先后共有 45 班，毕业生 1751 人，是中国建立最早也是影响最大的女子体育专科学校。该校于 1937 年抗日战争爆发时停办。

早期的体育学校或体育专修科对中国近代体育的形成与发展作出了一定贡献，为当时的中国体育教育培养了亟须的人才。但由于当时国内体育师资教育刚刚起步，多数学校（科）的开办时间不长，学校师资和场地设备都极为有限，加上这些学校大多是短期培训和速成班，教学质量不高，学生数量也有限，因此，体育师资仍然远远满足不了近代教育发展的需要，以致直到辛亥革命以后很长一段时间里，学校中由军人充任体育教师的现象依然存在。

第三节　晚清近代竞技运动的开展

在近代学校体育确立的同时，各种近代竞技运动项目伴随着教会学校、基督教青年会的主动引入和西方军人、商人、传教士的不自觉传播陆续传入中国。伴随着近代体育竞赛活动的开展，中国近代陆续出现了一些相应的体育组织，旨在推动体育竞赛活动的举办。这些竞赛组织和竞赛活动，在一定程度上反映了西方近代竞技运动在中国的初期传播与发展的状况。

一、近代竞技运动项目在中国的传播

近代传入我国最早的运动项目是德式体操，随后是英国的田径、游泳和各种球类运动。由于 20 世纪上半叶中国各地政治、经济发展不平衡，各地区竞技体育的开展时间与发展程度也存在着较大的差异。一般而言，沿海地区开展近代体育的时间较之内地早，大城市开展近代体育较之中小城市早，男子项目开展时间较之女子项目早。

体操最早传入中国是在 19 世纪后叶的洋务运动初期。我国近代传入的体操主要是两个体系：一是清军和军事学堂聘请的德国教习传授的德国体操；二是 20 世纪初从日本引进的在德国、瑞典等体操基础上经过改良的日式体操。德日体操体系的特点是：要求完成规定动作和练习，不强调竞技与比赛，但也包括一些诸如三足竞走、跳栏、折返跑等比赛游戏。中国最早的近代体育运动出版物都是有关体操的。如 1903 年成都坊间刻本《体操图式》、1904年王肇锭翻译的《普通体操学教科书》《普通体操图说》等。

近代田径运动在中国的开展较早。19 世纪末，在洋务派创办的军事学堂中已在外国教习指导下开展一些田径项目。正式田径运动的开展最早是在英、美等国在华开办的教会学校。如 1890 年上海圣约翰书院举行了中国历史上第一次田径运动会。20 世纪初，随着新式学堂的大量兴办，田径运动由教会学校传入各地学校并迅速普及开来。

足球也是中国开展较早的项目之一。1840 年鸦片战争前后，足球已经随着英国来华商人进入香港、广州等地。1897 年，香港举行了有英国水兵和商人参加的"特别银牌足球赛"。20 世纪末，上海、天津、南京、北京、厦门等城市的外国租界的商人士兵及教会学校经常举行足球比赛。此后，足球逐渐传播至国内各地。1910 年举行的第 1 届全国运动会（全国学校区分会第一次体育同盟会）即正式设置了足球比赛项目。

篮球运动于 1891 年由美国基督教青年会体育干事詹姆斯·奈斯比特发明。1895 年由天津基督教青年会介绍到中国，继而传播至北京、上海、广州等地。当时这项运动被称为"筐球"，场地没有一定的规格，人数也无严格的限制，规则也极为简单，主要是在教会学校中开展，参加的学生也不多。但在基督教青年会的大力推广下，20世纪初篮球运动已经在全国各地广泛开展。1910年第1届全国运动会上男子篮球被列为表演项目。

排球运动于1895年由美国基督教青年会干事威廉·摩根发明。1905年前后由基督教青年会传入广州和香港的一些学校，当时称为"队球""对球"或"挖力球"。此后逐渐传至上海、天津、北京、福建、江西、四川等地。当时传入的是16人制排球。1911年，上海教会学校的学生举行了首次排球表演赛。

乒乓球运动约在1904年传入中国。据说当时上海的文具商从日本购回乒乓球器材，出于销售目的对这项运动进行了宣传和表演。此后，这项运动在上海等大城市中开展起来。由于当时乒乓球器材设施昂贵，最初引进时主要是在一些外国人的俱乐部和有钱人的家庭中开展，后来才逐渐传至学校和社会。

网球运动于1885年前后由英、美、法等国商人和传教士传入中国上海、天津、广州等城市，由于设施器材昂贵，主要在教会学校和上流社会中开展。1906年北京汇文书院和通州协和书院首次举行了校际网球比赛。后来北京清华学校也加入进来，成为"三角对抗"的网球校际联盟。同一时期，上海的圣约翰书院、南京的金陵大学、苏州的东吴大学、南洋公学等学校也举行了校际网球比赛。1910年第一届全国运动会上网球成为正式的比赛项目。

棒球是1839年由美国人Λ.道布尔戴创造的。中国人从事棒球运动可以追溯到1873年，当时清政府选派了30名赴美国留学生，这些留学生在美期间喜欢上了这项运动。詹天佑等留学生在美期间还组织了一支"中华棒球队"。1887年这批留学生归国后将该项运动带入国内。与此同时，上海、广州、天津、北京等地的教会学校也开展了棒球运动。1895年后，北京汇文书院、通州协和书院、北京清华学校、天津南开学校和新华书院、上海圣约翰书院和沪江大学等也相继开展了棒球运动。1907年，北京汇文书院与通州协和书院举行了校际棒球比赛，这是中国举行的首次正式棒球比赛。

游泳运动于19世纪末在中国沿海一些城市如香港、广州、上海、青岛、旅顺等地的外国人和上流社会中开展。1887年，广州出现25米×15米的室内游泳池。1909 年，上海建造了公众游泳池，并规定每年举行一次游泳比赛。由于传统观念的影响，游泳最初传入中国时只有男子参与。

二、晚清的运动会与首届全国运动会

随着英美教会学校和基督教青年会在华大力传播与推广，各种运动项目在中国近代学校逐渐普及。各种校内比赛、校际比赛蓬勃开展，随之地区间和全国性的竞技比赛也开始出现。1905 年 11 月在成都举行的"四川省运动会"是中国最早的省级综合性运动会。1910 年 10 月 18—22 日在南京举办的"全国学校区分队第一次体育同盟会"在辛亥革命后被追认为"第 1 届全国运动会"。

（一）早期的校际运动会和地区运动会

19 世纪末，中国最早的体育竞赛和运动会在教会学校中出现，并逐渐影响了一些官办的近代学堂。在此基础上，出现了校际的各类运动会。1898年，天津北洋大学堂邀请天津水师学堂、武备学堂和电报学堂等举行了我国最早的校际运动会。1902 年，天津各校发起组织联合运动会。1903 年，山东烟台几所学校举行"烟台阖滩运动会"。1906 年，浙江杭州各校联合运动会和湖南长沙校际运动会举行。1907 年，南京举行"宁垣学界第一次联合运动会"，这是清末规模最大的一次校际运动会，共有 80 多所学校参加，比赛及表演项目共 69 个，包括田径、体操、竞走游戏和军事体育等项目。

20 世纪初，由地方政府和学界举办的地区运动会也开始出现。1902 年起，天津各校开始举办"联合运动会"。1905 年 11 月 19 日，在成都举行了"第 1 届四川省运动会"（图 7-8），这是已知全国最早的省级综合性运动会。这一运动会在成都北校场武备学堂大操场举行。成都的新式学堂、高等学校、通省师范学校、法政学校、警察学校等 40 个学堂共 3281 名运动员参加。比赛项目共 34 项，包括竞走、蛙式竞跳、各类球赛、器械体操等，还有操枪、劈刺、障碍竞走、着装竞走等军训类项目。湖南从 1905 年至 1906 年间也举行了四次全省的"联合运动会"。

图 7-8　第 1 届四川省运动会

(二) 中国近代第 1 届全国运动会

在 20 世纪初期各地学校运动会的基础上，在华基督教青年会开始发起倡议举办全国性的运动赛事。1908 年，美国基督教青年会干事埃克斯纳来华，倡议并着手筹备中国全国性赛会。1910 年 10 月，"全国学校区分队第一次体育同盟会"在南京举行。这次运动会辛亥革命后被命名为"第 1 届全国运动会"（图 7-9）。

图 7-9　中国近代第 1 届全国运动会

这次运动会共 5 天，地点是在南京劝业场。参加比赛的运动员 140 人，分别代表华北、上海、华南、吴宁（苏州、南京）、武汉 5 个地区。比赛项目为田径、足球、篮球、网球 4 项。田径分高等组分区赛、中等组分区赛和全国各校联合赛（由上海圣约翰书院、武昌文华大学等学校参加）3 种。当地的报纸对这次运动会做了报道。每天约有 4 万观众前往观看。

这届运动会的发起、组织及秘书、裁判等工作均由基督教青年会的外籍体育干事承担，埃克斯纳主办的"体育干事训练班"的中国学员承担了辅助性工作。运动会秩序册和比赛术语均为英语。这些都表现出近代竞技体育传入中国的早期特征。这届运动会是中国近代史上首届全国性运动会，在中国近代体育发展中具有重要的意义。运动会正式采用了田径、球类等近现代竞技运动项目，摒弃了自 19 世纪末以来在中国的学校和社会上一度盛行的以军国主义体育为背景的德日系体操、兵操与竞赛游戏，这标志着我国近代体育开始与国外竞技运动体系接轨并进入了新的发展阶段。这届运动会为中国引进了近代运动会的组织和运作模式，为我国培养了一批体育管理、组织、裁判等方面的人才，扩大了田径、球类等近代竞技运动项目在社会上的影响，为后来中国近代体育的发展打下了基础。

第四节　清末"国粹体育"兴起

中华民族自身拥有历史悠久的传统体育文化和传统体育活动。国耻背景下近代西方体育传入中国，也刺激了以武术为代表的"国粹体育"的兴起。

一、清末农民起义与义和团反帝斗争促进传统武术发展

1840 年鸦片战争以后，中国人民与西方帝国主义侵略势力和瓜分中国的图谋进行了长期不屈不挠、前赴后继的斗争。在抗击外国侵略者的斗争中，传统民间武术既是广大中国人民抗暴斗争和武装起义的利器，又是组织、聚集和训练队伍的重要手段。

1841 年，广州三元里人民英勇的抗英斗争，吹响了中国人民百年抗击帝国主义侵略的号角。这次斗争的主力是当地民众，民间武馆和习武组织在其中起到了重要的组织和训练作用。

1851 年，由洪秀全等人发动的太平天国运动及各地区起义武装给了腐朽

的清王朝以沉重打击。太平天国及各地起义武装大多是由普通农民、烧炭工、小商贩等组成，他们中间很多人凭借民间武术功夫上阵杀敌，并将武艺传授给其他太平军战士。为了选拔和发现军事人才，太平天国还开设了武举科考，除军事理论外，考试内容包括军事理论及马射、步射、开弓、舞刀、举石等军事技艺。另外，太平天国还打破长期封建传统，提倡女性习武。

19 世纪末，因西方帝国主义瓜分中国所引起的民族矛盾空前激化，在清政府一些官员的支持下，山东、山西、河北一些民间武术社团和民间秘密团体，如梅花拳，以"扶清灭洋"为口号，掀起了震惊世界的义和团运动。义和团于 1900 年进入北京、天津等城市，在北京城内大街小巷中遍设"拳厂"，号召人们练拳习拳。由于义和团主要以民间传统武术为旗号，将武术作为其宣传、组织和作战手段，因而这一时期传统武术在民间获得了前所未有的普及和发展。在义和团鼎盛时期，山东、河北、北京、天津大批民众加入"拳厂"习练拳术、大刀、枪棍等传统武艺，形成了前所未有的群众习武高潮。义和团失败后，很多习武的"拳民"潜逃藏身于民间，传统武术由此得到传播。义和团主要由下层民众组成，本就夹杂着浓厚的宗教迷信色彩，致使后期演变为迷信色彩浓厚的"神拳"，宣传喝符念咒、刀枪不入等，这在很长时期内对武术的发展产生了消极作用和负面影响。

二、霍元甲与精武体育

清末民初涌现出一批著名武术家，霍元甲是其中的杰出代表。霍元甲（1868—1910 年）是近代著名爱国武术家，精武体育会创始人。霍元甲自幼学习祖传秘宗拳法，长大后综合各家之长对该拳法加以改进创新，发展为"迷踪艺"。1909 年（清宣统元年），有英国拳手在上海登广告设擂，霍元甲应友人邀赴上海约期比武。这场比赛虽然并未进行，但因当时中国经历西方列强凌辱的背景，霍元甲此举经爱国媒体传播，大长了中国人的志气，霍元甲和中国武术由此名震天下。

1910 年 6 月，霍元甲抱着"欲使强国，非人人尚武不可"的信念，在上海创办"中国精武体操会"（后改名"精武体育会"，以下简称"精武会"）。

精武会的宗旨是"以提倡尚武精神为目的"，即提倡通过练习中国传统技击术达到增强国民体格的目的。同年9月，霍元甲病逝，终年42岁。但他所创建的上海精武会由其后人与弟子传承发展，影响遍及海内外，仅十余年，海内外精武分会就达43处，会员逾40万人之众，成为中国近代第一所也是规模最大的武术学校。1919年，在精武会（图7-9）成立10周年之际，孙中山先生亲笔为该会题下"尚武精神"四个大字。

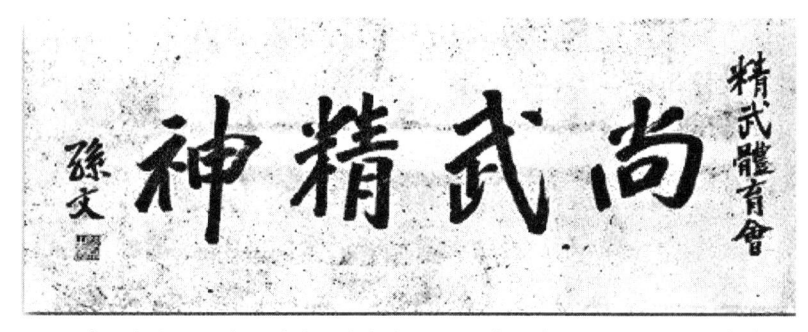

图7-10　孙中山先生1919年为精武体育会成立10周年纪念活动题赠的"尚武精神"匾额

霍元甲对于推动近代武术发展作出了重要贡献。他以尚武强国作为精武会的宗旨，使习武练武与爱国主义相结合，赋予了古老的中华武术新的历史意义与时代精神。霍元甲率先打破了传统武术固有的门户陋习。不仅将其秘踪拳传于外姓，而且在精武会中提倡兼容各家、互取所长、共同发展。在他这一思想影响下，精武会不仅力求包容各派武术，还将西方体育的摔跤、拳击、球类等纳入教学内容，成为中华武术现代化变革的先声。

三、马良与"新武术"

在清末民初的传统武术发展和"国粹体育"的兴起中，马良（1878—1947年）是一个重要人物。马良，字子贞，年少时跟随武师平敬一学少林拳和摔跤术。1901年马良在山西陆军学堂任教时，为适应军队的团体训练，对传统武术进行了改造。他从风格各异的传统拳械套路中抽选出一般的基本动作，再按近代体操的基本原理编排成套路练习方法，由此创造了一个新的武术体系，命名为"新武术"。由于马良创编的"新武术"编排合理，符合近代体育原理，便于掌握和练习，尤其适合学校体育教学，因而产生了较大影响。而"武术"这一名词也逐渐传开，取代了以前的"拳脚""拳棍""技击"等称呼。

1918 年，马良的"新武术"由商务印书馆出版，名为《中华新武术》。该书分为摔跤、拳脚、棍术、剑术四科，内容主要阐述"新武术"的基本技术动作和基本身体素质训练方法。"新武术"既汲取了中国武术的文化要素和技法特点，又适应了学校和团体的教学与训练，因此该书一出版即引起较大反响，不少学校相继将其作为体育课武术教材，教育部也将《中华新武术》作为学校体育课武术教学的参考书。1918 年 10 月，全国中学校长会议作出决议，将《中华新武术》"列为全国各中等学校正式体操"，并教育部通令全国各校实行。同年在上海召开的第四次全国教育联合会通过决议，将《中华新武术》"列为全国高等以上各学校并各专门学校之正式体操"。1919 年秋，经国会辩论，通过将其作为全国学校的"正式体操"，通令全国实行。至此，马良的"新武术"作为传统武术的改革成果，正式进入近代中国的学校体育教育课程体系。

马良的"新武术"的本质，是运用近代体育原理对传统体育进行改造，将摔跤、拳脚、棍术、剑术等改造成为以"新武术"为名的近代体育体系。马良的"新武术"扑启了古老的中国传统体育改造之路，适应了中国近代社会和体育发展的要求，因而能够成功地为当时的社会、学校及政府所接受，成为近代传统体育改造的成功典范。

❓问题与思考

1. 近代西方体育是如何传入中国的？

2. 洋务运动在西方近代体育传入过程中起到了什么作用与影响？

3. 中国近代学制的确立与实施对近代体育在中国的传播发展产生了什么影响？

4. 教会学校和基督教青年会在中国近代体育传播过程中起到了什么

作用？

    5. 传统体育在中国近代的命运如何？在哪些方面有所发展？

拓展阅读书目

1. 张博 . 近代中国的奥运记忆 ［M］. 天津：天津古籍出版社，2008.

2. 徐国琦 . 奥林匹克之梦 ［M］. 广州：广东人民出版社，2019.

3. 崔乐泉 . 中国体育通史 ［M］. 北京：人民体育出版社，2008.

[名师讲堂]

近代体育传入的背景   近代体育的传入

第八章

民国时期的体育

　　民国时期自 1912 年 1 月 1 日 "中华民国" 成立, 到 1949 年 10 月 1 日中华人民共和国成立, 共历时 38 年, 前后经历了北洋政府 (1912—1928 年)、国民党政府 (1925—1949 年) 两个阶段。在此期间, 中国人民经历了艰苦卓绝的抗日战争和解放战争。在中国共产党领导下, 中国人民的解放事业最终取得了胜利。

　　民国时期, 是中国近代体育的转折期, 也是走向成熟的时期。随着第一次世界大战的结束, 英美的自然主义体育思想和竞技运动取代了德国的军国主义体育思想和体操体系在世界体育界的位置。在中国, 始于 1915 年的新文化运动和 1919 年爆发的五四运动, 使 "科学与民主" 成为近代体育变革的动力。自然主义体育思想开始成为学校体育改革的主导思想。1922 年, 民国政府颁布的新学制将 "体操科" 更名为 "体育科", 标志着德日体育体系彻底退出了学校教育体系, 而田径、游泳和各类球类运动成为学校体育的主要内容。1929 年, 制定颁布了中国第一部体育法, 中央政府第一次设立了专门的体育管理机构。民国期间中国的竞技体育取得了较大发展。继 1910 年举行的第 1 届全运会又陆续举行了 6 届全国运动会, 全国和地方性的各类运动竞赛初步形成了体系。在此基础上，中国体育开始走向世界，中国选手参加了10届远东运动会、3届奥林匹克运动会。这些都为20世纪下半叶新中国体育的发展奠定了一定的基础。与此同时，中国共产党领导下的红色体育先后在苏区和敌后抗日根据地蓬勃发展，成为后来共产党领导下的中国特色体育发展道路的先声。

第一节　近代体育思想观念的变迁

随着中国近代体育的传播与开展，人们对体育功能价值的认识也逐渐深入，开始认识到体育在教育和社会生活中的重要价值，尤其是体育在锻炼体魄、培养意志、塑造人格和适应社会等方面的积极作用与影响。这个时期，体育界围绕体育的价值功能、军国主义体育、自然主义体育、国粹体育、土洋体育等问题进行了很多思考与争论，对近代体育在中国的传播和发展产生了重要影响。

一、新文化运动与新体育

新文化运动是发生于五四运动前后的一场深刻的思想文化启蒙运动。这一运动以 1915 年陈独秀创办《青年杂志》（后改名为《新青年》）为起点，其代表有陈独秀、李大钊、鲁迅、胡适、蔡元培、钱玄同、刘半农等。在新文化运动中，"民主与科学"成为新一代知识精英追求的目标。科学的体育思想与实践方法为教育界和社会所普遍认同。

新文化运动中，一批先进知识精英针对当时中国"国促种弱"的现实，提出了先进的体育主张。如新文化运动的旗手和中国共产党创始人之一的陈独秀在 1916 年《新青年》中指出：我国之青年，"盈千累万之青年中求得一面红体壮，若欧美青年之威武陵人者，竟若凤毛麟角。人字吾为东方病夫国，而吾人之少年、青年几无一不在病夫之列。如此民族将何以图存？"他主张在教育中实施"兽性主义"，通过体育手段培养意志顽强、善斗不屈、体魄强健、自强自立的一代新人。中国共产党的先驱李大钊根据无产阶级学说，最早关注劳动阶级的身体健康，他在 1922 年 5 月的《晨报副刊》上发表了题为《五一纪念日对于现在中国劳动界的意义》一文，提出"人体的健全，全在身体和精神保持平均调剂的发展"的观点，提倡"有益身心的娱乐"，要求当局在工人的生活场所建设公园、运动场、俱乐部等，为劳工阶级的体育活动提供条件。中国近代教育的先驱者和奠基者蔡元培于 1912 年 2 月发表《对于教育方针之意见》，阐述了西方近代"全面发展"的教育思想，提出了"完全人格，首在体育"的思想。在担任北京大学校长时，他号召青年"以体育相互勉励，以知识及能力的增进相互勉励，以品行修养相互勉励"。在他的影响下，赛跑、球类、摇船、游泳、体操等运动项目在北大普及开展起来。

二、毛泽东与《体育之研究》

《体育之研究》

毛泽东（1893—1976 年）是中国共产党的创始人之一、中国人民的伟大领袖和中华人民共和国的缔造者。1917 年 4 月 1 日，毛泽东以"二十八画生"署名，在《新青年》第 3 卷第 2 号上发表了著名的《体育之研究》一文。该文是中国近代最早系统研究和阐述体育的重要文章之一，对体育的概念、目的、作用、在教育中的地位、体育锻炼的原则与方法等进行了全面的论述。

毛泽东针对中华民族体质衰弱、提倡体育者多不知"体育之真义"的情况，对当时学校教育和体育存在的弊端进行了分析，提出尖锐的批判，着重阐述了体育在教育中的重要意义和价值。他指出，体育是一种有规则的"养生之道"，其目的不仅在于个人的"养生"，还在于"卫国"。体育的作用，在于强筋骨、增知识、调感情、强意志，使人"身心并完"，培养全面发展的人。文中阐述了德、智、体三育之间的辩证关系。他还指出，知识和道德诚然可贵，但身体是"载知识之车""寓道德之舍""无体是无德智也"。在此基础上，文章提出"体育于吾人实占第一之位置，体强壮而后学向道德之进修勇而收效远"。文章还进而强调，对少年儿童应特别"注意于身体之发育"，学校宜"三育并重"。《体育之研究》是毛泽东生平第一篇公开发表的论文，反映了青年毛泽东的体育思想，同时也代表了 20 世纪初中国先进的体育观。该文的发表，极大地发展和丰富了我国近代的体育理论建设，在中国近现代体育史上具有极为重要的意义和影响。

三、自然主义体育思想的传播与实践

20世纪20年代末至30年代，产生于美国的自然主义体育思想传入我国，逐渐成为五四运动和新文化运动以来对我国近代体育教育影响最大的体育思想体系。

自然主义体育思想是以卢梭自然教育观和美国实用主义教育学说为主要依据建立的一种体育思想，又称为"新体育"学说，形成于20世纪20年代中期，以美国威廉斯（J. I. willians）的《体育原理》一书的出版为标志。威廉斯的弟子，中国留学生袁敦礼、吴蕴瑞和方万邦等回国执教后，将这一理论传播至国内，并培养了大批学生。民国时期，国内出版的自然主义体育思想代表作有方万邦的《体育原理》（1933年），吴蕴瑞、袁敦礼的《体育原理》（1935年）。这些著作在国内体育界产生了很大影响。

自然主义体育思想自20世纪30年代传入后，对中国的体育，尤其是体育教育和学校体育产生了重要影响，带来了20世纪初体育教育领域的革命。自然主义体育思想在人本主义基础上，强调人的自然本性，主张个性的自由发展，其所包含的人本主义和民主自由精神成为五四运动和新文化运动前后许多体育界人士反对"军国体育"和兵操的强大武器。在方法手段上，自然主义体育思想推崇竞技运动和各类户外运动，主张在学校体育的教学及课外活动中，采用"包含许多人的自由在内"的竞技运动形式，以科学而符合青少年成长规律的体育手段取代军国体育和兵操，有力地促进了民国时期体育教育的变革与发展。在体育的功能方面，自然主义体育思想强调体育的教育意义，认为体育的功能不仅在于发展身体及运动能力，而且在培养人的道德品质、团队精神、社交能力及娱乐技能等方面具有重要作用。这一理论极大地改变和丰富了人们对体育价值与功能的认识，促使教育工作者更加注重对体育教学规律和方法的研究。在科学理论方面，自然主义体育思想重视体育运动的科学化，强调体育要适应人的生理及心理特点，服从儿童及青少年身心成长和发展规律，促使民国时期一些体育学者开始关注运动生理学、运动心理学、运动解剖学和人体测量学等基础科学，在一定程度上奠定了我国体

育科学的研究基础。

自然主义体育思想在国内的传播和实施过程中也引起了一些争议与批评，如过分强调体育的教育功能而忽视增强体质这一主要任务、过分强调以儿童为中心而导致削弱体育教师的主导作用、在学校体育实践中出现"放羊式""选手制"及锦标主义等。客观而言，自然主义体育思想在当时作为一种先进的体育思想，有其人文主义和科学依据。它的传入和实践对推动中国近代体育的变革和发展起到了重要作用。

四、"国粹体育"之争

20世纪初，在"西学"强势传入中国的背景下，一些文化精英也在忧虑和思考中国本民族文化的意义与未来，力图通过对传统价值的发掘与改造，寻求本民族文化自存之道。在体育领域，这种反思与行动的代表，是马良的"新武术"与蒋维乔的"因是子静坐法"。

"因是子静坐法"是近代教育家蒋维乔根据传统养生术创立的一种静功方法体系。蒋维乔少年时体弱多病，遂潜心养生学，练习静气功。1914年，其所著的《因是子静坐法》刊行出版，一度在社会上掀起学练静气功的热潮。1922年又出版了《因是子静坐法续编》。在民国初期西方近代体育强势传入过程中，蒋维乔的养生术及其所撰的《因是子静坐法》异军突起，和马良的"新武术"一起成为"国粹体育"的代表。

无论是马良的"新武术"还是"因是子静坐法"，都是中国的传统体育。但在新文化运动时期，一些守旧人士出于抵制西方先进文化的目的，将"新武术"吹嘘为"我国之国粹，我国之科学"，甚至建议推行一种标志各级官阶身份、共3等9级的"佩剑制度"，以发扬所谓"武德""武风"，形成一股以"国粹体育"抗拒新文化运动和社会变革的逆流。

针对这一逆流，很多先进知识精英予以抨击与驳斥。1918年5月始，鲁迅在《新青年》连续发表了《随感录》《拳术与拳匪》等文章，抨击这种以所谓"国粹"作为抵制社会变革和取代西方先进文化的做法是"弄得是非不明"的"鬼道精神"，他强调"动"的观点，认为教育"万不可向静的死胡

育工作人员的资格；编造及审查全国体育预算；等等。

抗日战争爆发后，教育部体育委员会于1938年在汉口召开第五届会议，商讨战时体育管理的原则与方法，并对委员进行了调整。1940年和1941年又在重庆连续召开第六届和第七届会议，重新制定了章程，将体育委员会改名为国民体育委员会，下设学校体育组、社会体育组和研究组。自此，体育委员会开始成为能够行使一定权力的职能机构。

第三节　近代学校体育的演进

1912年"中华民国"成立之初，推行学校体育教育已经成为社会共识，但在体育教学内容方面却存在分歧。围绕学校体育的课程内容，民国时期先后颁布了《壬子癸丑学制》（1913年）、《改革学校体育案》（1919年）、《壬戌学制》（1922年）等教育法案。学制的变化过程反映了中国近代体育观念、制度的变迁历程。

一、从"体操"到"体育"的变革

1912年元旦，"中华民国"宣布成立，孙中山任临时大总统，任命蔡元培为教育部总长。1月19日，临时政府教育部颁布《普通教育暂行办法》《普通教育暂行课程标准》等法令。9月，又公布了新的学制，因当年为阴历壬子年，故称之为《壬子学制》。1913年8月，教育部陆续公布了有关大、中、小学等各级各类学校的法令规程，使"壬子学制"得以充实和具体化，形成了较为完整的学制系统。以上两个学制合称为《壬子癸丑学制》。在这一新学制和教育部公布的各级学校令中，与学校体育关系最密切的是对各级学校体操的规定。

《壬子癸丑学制》规定小学必须开设"体操课"，要求初等小学以游戏与普通体操为主，高等小学开设普通体操、游戏，男生加授兵式体操，并在课外进行户外运动和游泳。中学校开设的"体操课"男生每周3小时，女生每周2小时。其宗旨是"使身体各部平均发育，强健体质，活泼精神，兼养成守规律尚协同之习惯"。师范学校"体操课"要求以普通体操、游戏及兵式操为主，并注重学习"教授法"。高等学校体操的规定每学年每周体操课3小时，包括普通体操、游戏及兵式体操。

从以上规定可见，民国成立后学校体育仍然大致沿袭清末学制，其内容仍以"兵操"为主。但是随着体操课的普及及教会学校的影响，各种竞技运动在课外时间开展起来。1910年和1914年举行的第1届、第2届全国运动会，特别是1915年在上海举行的第2届远东运动会上，中国获得了田径、游泳、排球、足球冠军和总分第一名，大大刺激和提高了各地学校学生对田径和球类运动的兴趣，要求在学校中开展这些运动的呼声渐高。为此教育部又明文规定在学校课外设立体育活动和组织运动竞赛，使田径、球类、游泳等竞技运动在课内外拥有了合法地位，竞技运动在学校中迅速发展，校内和校际的运动竞赛成为普遍的活动。

1918年第一次世界大战德国战败及五四运动和新文化运动导致中国近代学校体育发生了新的变革。1919年10月，"全国教育联合会"第5次会议提出，"近鉴世界大势，军国主义已不合教育之潮流"。会议通过了《改革学校体育案》，要求各级学校减少"兵操"时间，增加"体育"时间。此后，很多学校开始废止德日体操，将"体操课"改称为"体育课"，内容也转向以普通体操、田径、球类、游戏等项目为主。

在五四运动和新文化运动的影响下，英美自然主义教育思想在中国逐渐取得优势，促使教育界进行重大改革。1922年，北洋政府教育部召开"学制会议"并正式公布了《学校系统改革案》，教育史上称《壬戌学制》。该学制基本模仿美国的学制，改变了以往实行近20年的日本学制。这一新学制的颁布与次年公布的《课程纲要草案》推动民国时期教育体制发生了重大变革，彻底废除了实施近20年的军国民体育和德日体操体系；制定了新的学校体育课程标准；体育课以田径、体操、球类、游戏为主要内容，废除了以往实施的德日系体操和兵操。《壬戌学制》的颁布与实施是民国时期学校体育一次影响深远的重大转折。此后，自然主义体育思想和竞技运动成为中国学校体育的主流。

二、制定相关法令促进学校体育规范发展

从 1927 年 4 月国民党在南京建立国民政府开始，到 1937 年抗日战争爆发的 10 年间，中国社会相对稳定，政府对学校体育采取了改进措施，针对各级各类学校颁行了一系列法令，使学校体育在管理、师资、教材、课时等方面日渐走向规范。

1928 年，国民政府颁布了新学制（戊辰学制）。该学制仍沿用了美国的小学 6 年、初中 3 年、高中 3 年的"六三三制"。关于体育课程标准的主要变化是在中学和大学增加了军事训练。

1929 年，颁布了《大学组织法》和《专科学校组织法》。1932 年，颁布《小学法》《中学法》《师范学校法》《职业学校法》等法令。1940 年，国民政府教育部又制定并颁布了各级学校《体育实施方案》。该方案规定了各级学校体育课的时间，要求小学每周 120～180 分钟，中学每周 2 学时，专科以上每周至少 2 学时，一律必修。这是中国近代史上第一个比较全面的学校体育实施方案。

1932 年的《国民体育实施方案》，将教育行政系统下属的各级体育行政机构及体育督学系统，还有学校体育实施原则等，正式以法规形式固定下来。1941 年底，教育部国民体育委员会改名为教育部体育委员会，颁布了《国民体育委员会章程》。委员会下设学校体育、社会体育、研究编审 3 个组。学校体育组负责学校体育和童子军训练。省市体育股或督学负责指导中小学体育。高等学校的体育由教育部的高等教育司管理。此外，国民党党部还设有中央体育科和中央训练总监部体育科，也对学校的体育和军训进行管理。1943 年，三民主义青年团设立了中央团部体育指导委员会，并令各省、市学校的分团部、支团部设立相应的机构。

国民政府教育部在制定有关学校体育法令和规定的同时，也组织编写了体育教材。1933 年，教育部聘请国内体育专家着手编写了中小学体育教材。1934 年，教育部成立了"中小学体育教授细目编辑委员会"，按性别、学期分门别类编辑教学内容，至 1936 年共编印出版 24 册《体育教授细目》。这套

系列教材，以美国和德国学校体育教材为蓝本，是我国第一部比较完整也比较成熟的中小学体育教材。

1942 年抗战期间，教育部又组织编写了一批体育教材和教学参考书。至 1946 年，共出版中小学体育教材 13 种，体育教学参考书 10 种。1940 年后还组织编写了各类武术教材近 50 种。这些教材和参考书都有一定的参考价值，在一定程度上满足了各类学校体育教学的需要。

1927 年到抗日战争之前，我国各级学校有了较大的发展，学生人数日益增加。相对之下，原有培养体育师资的体育专科学校，以及大学体育系科每年毕业的学生很少，远远不能满足体育教育发展的需要。为此，南京国民政府时期国内各地陆续增办了一些体育专科学校和体育系科。其中主要有：上海中国体育学校（1927 年）、华东体育专科学校（1927 年）、北平民国大学体育科（1928 年）、国立东北大学体育专修科（1929 年）、国立北平女子文理学院体育专修科（1931 年）、河北女子师范学院体育系（1931 年，天津）、国立国术体育专科学校（1933 年）、国立重庆大学体育系（1936 年）、西北师范学院体育系（1940 年）、福建师范专科学校体育系（1941 年）、四川省立体育高等专科学校（1942 年）、国立中山大学体育系（1945 年）、台湾省立师范学院体育系（1946 年）、浙江体育专科学校（1948 年）等。

这些体育专科学校和系科的开办，在一定程度上缓解了地方体育师资极度缺乏的状况。但总的说来，这些体育学校和系科大多存在着经费紧张、设备简陋、办学质量不高的问题，毕业的学生也不多。经过正规培养的体育师资和专业人员仍极其有限，体育教师缺乏的现象仍然十分严重。

三、民国时期的著名体育人物

民国时期涌现出一批著名的体育专家与学者，他们都对中国近代体育的传播与发展作出了卓越贡献。其中包括近代著名教育家张伯苓，中国体育师范教育的奠基者徐一冰，我国首位国际奥委会委员王正廷，近代著名体育活动家、国际奥委会委员董守义，近现代著名体育教育家马约翰，中华全国体育协进会总干事郝更生，中国近现代著名体育教育家袁敦礼、吴蕴瑞、程登科等。另外，民国时期还涌现出了一批著名的运动员，如"中国奥运第一人"田径短跑运动员刘长春、号称"亚洲球王"的李惠堂、"游泳皇后"杨秀琼、著名女子短跑运动员李森等。还出现了一批著名武术家，如张之江、马良、孙禄堂、王子平、杜心武、刘百川、韩慕侠、郑怀贤、张文广等。

张伯苓	徐一冰	王正廷	董守义	马约翰
郝更生	袁敦礼	吴蕴瑞	程登科	刘长春
李惠堂	杨秀琼	李　森	张之江	郑怀贤

第四节　竞技体育体系的形成与发展

民国时期是中国近代竞技体育发展的重要阶段。在这一时期，建立了国内竞赛组织和相关制度，竞技运动从学校走向社会，举行了 6 届全国运动会和多次地方性大型运动会，竞赛表演业和体育产业一度在商业繁荣的中心城市获得初步发展。这一时期，中国体育开始走向世界，参加了 10 届远东运动会和 3 届奥林匹克运动会。

一、民国时期的体育竞赛组织

随着竞技运动在中国的传播与发展，迫切需要建立全国性的体育组织机构来统一领导中国的竞技运动，组织全国性赛事，制定有关章程和规则。

　　中华业余运动联合会是中国第一个全国性体育组织。1921 年在上海举行第 5 届远东运动会时，全国性体育组织的筹建工作正式启动。1922 年 4 月 3 日，中华业余运动联合会在北京基督教青年会会所成立，会长由张伯苓担任，9 名职员中有 3 名是青年会的外籍人士。该会的主要工作包括提倡和普及竞技运动和体育、为全国业余运动比赛制定统一的标准和规则、在全国组织和举办运动竞赛、设立记录部专门记录运动成绩、选派代表参加国际比赛等。中华业余运动联合会的成立标志着中国近代竞技运动进入了组织化、制度化发展阶段。在北洋政府时期，该会实际上起到了领导全国社会体育和竞技运动的重要作用。该会成立以后，参与筹办了第 3 届全国运动会（1924 年）和第 6 届远东运动会（1923 年）的选拔事宜。1924 年全国体育协进会成立后，该组织宣告解散。

　　中华全国体育协进会（图 8-1）成立于 1924 年 8 月，是首个中国人自己建立的全国性体育组织。张伯苓为名誉会长，王正廷为名誉主席董事，董事会 15 人全由中国人组成。到 1949 年 10 月，该会一直是领导中国体育运动的全国性组织。

图 8-1　1924 年 8 月成立的中华全国体育协进会部分董事
（前排左起：冯少山、卢炜昌、沈嗣良；后排左起：陈时、张伯苓、王正廷）

　　中华全国体育协进会成立后主要从事的工作包括：参与和筹办第 4 届至第 7 届全国运动会；选拔运动员和组织代表团参加第 10 届、第 11 届和第 14

届奥运会，第 7 届至第 10 届远东运动会，以及戴维斯网球公开赛等；代表中国参加有关国际体育会议与活动；审编各项运动规则；审定全国田径、游泳最高纪录；出版会刊《体育季刊》；襄助各地区体育组织的活动，组织裁判员和其他专业人员的培训等。

中华全国体育协进会成立后，陆续加入了田径、游泳、体操、网球、拳击、举重、足球、篮球等国际单项体育联合会。1931 年，国际奥委会正式承认中华全国体育协进会为其团体会员，代表中国参加国际奥林匹克事务。抗日战争爆发后，该会迁至重庆，由董守义任总干事。

中华全国体育协进会的成立，标志着中国体育事务要依靠外国人来管理的时代的结束，也标志着中国近代体育的初期引进和传播阶段的完成。中华全国体育协进会是一个民间性的体育组织，但肩负着领导全国社会体育和竞技体育的重任。这种民间体制的优势在于能够相对保持独立性，但同时也使该会长期处于经费困难、得不到政府有力支持的困境中。由于中华全国体育协进会聚集了一大批满怀热忱、立志报国且有体育专业知识和经验的人士，在他们的努力下，该会虽然面临重重困难，但仍对中国近代体育，尤其是竞技体育和社会体育的发展起到了积极的推动作用，作出了重要贡献。

二、民国时期的全国运动会

民国时期举行了多次国内大型运动会和重大赛事，有力地推动了休育的普及与开展，也为后来中国竞技体育的发展提供了经验，打下了基础。

1910 年 10 月 18—22 日，上海基督教青年会干事埃克斯纳在南京劝业会会场发起筹办了"全国学校区分队第一次体育同盟会"。辛亥革命以后，这次运动会被追认为第 1 届全国运动会。

第 2 届全国运动会于 1914 年 5 月 21—22 日在北京天坛运动场举行。这届运动会的主办者是 1912 年成立的北京体育竞进会，实际负责人是北京青年会干事、美国体育专家侯格兰德。

第 3 届全国运动会于 1924 年 5 月 22—24 日在湖北武昌跑马场举行，由全国业余运动联合会发起筹办。这是中国历史上妇女首次公开参加的运动会。

这届运动会除游泳、棒球比赛尚由外籍人士担任裁判外，其余裁判和工作人员全由中国人担任。田径比赛的丈量由原来的英制（码制）统一改成米制。这届运动会基本上是由中国人发起和组织的，标志着中国近代体育发展进入了由中国人自己操作和组织的阶段。

第4届全国运动会于1930年4月1—11日在杭州举行。这是南京国民政府首次举办的全国运动会，也是新成立的中华全国体育协进会首次发起并组织的全国运动会。

第5届全国运动会于1933年10月在南京举行。这届运动会首次设置了国术比赛项目，另外还增加了中国式摔跤、射箭、弹丸、测力、踢毽等民族传统体育项目。

第6届全国运动会于1935年10月10—20日在上海江湾体育场举行。这届全运会最令人震撼的一幕出现在开幕式上。当东北五省运动员入场时，全体运动员和教练员身着黑色丧服，手举黑白两色旗，以示白山黑水，警示人们勿忘"九一八"日本侵略者侵略东北。这届全运会之后，由于抗日战争全面爆发，全运会中断达13年之久。

第7届全国运动会于1948年5月5—16日在上海江湾体育场举行。由于台湾已归还中国，又有新疆等省份参加，这届全运会的代表团增加到58个，参赛运动员人数为2677人。菲律宾、马来亚、印度尼西亚、暹罗（泰国）等地的华侨也派团参赛。

三、参加国际比赛

参与国际体育事务及赛事，是中国近代体育发展的一个重要标志。民国时期，中国运动员逐渐走向世界，参加了10届远东运动会、3届奥运会。虽然因国力有限及中国竞技体育起步晚、起点低、基础差，民国时期中国运动员在奥运赛场上未能取得成绩，但国际体育赛场始终承载着中国人渴望崛起的梦想，寄托着中国人深厚的爱国主义情感和"强国强种"的希望。

（一）参加远东运动会

中国首次参加的国际性赛事是远东运动会。1911 年 9 月，菲律宾体育协进会会长、基督教青年会体育干事、美国人布朗（E. S. Brown）访问中国和日本，与两国的基督教青年会共同协商，发起组织"远东奥林匹克委员会"，决定每两年在中国、菲律宾、日本轮流举行"远东奥林匹克运动会"。1920 年，这一赛事得到国际奥委会正式承认，改称"远东运动会"，其组织更名"远东业余体育协会"。这是世界上第一个与国际奥委会发生关系的区域性国际体育组织。从 1913 年至 1934 年，远东运动会共举行了 10 届，最后 2 届还有印度、印度尼西亚和越南参加，实际上成为后来亚洲运动会的前身。

第 1 届远东运动会于 1913 年在菲律宾首都马尼拉举行，只有中、菲两国参加。日本从第 3 届始正式参赛。第 1 届至第 7 届远东运动会每两年举行一次，1927 年第 8 届远东运动会后改为每三年举行一次。1930 年后又决定每四年举行一次。远东运动会开始只有田径、篮球、排球、足球、棒球、网球和游泳 7 个比赛项目，从第 8 届起增加田径中的全能项目，第 10 届又分设田赛和径赛。

最初几届参加远东运动会的中国代表团主要由基督教青年会选派组织。1923 年第 6 届远东运动会始由中华全国业余运动联合会选派代表参加，第 7 至第 10 届远东运动会由中华全国体育协进会主持选拔运动员参赛。在远东运动会上，我国参赛项目成绩最好的是足球，曾获 9 届冠军，其次是排球，得过 5 次锦标。

"九一八"事变后，日本企图将所谓"满州国"拉入远东运动会，遭到中方断然拒绝。1934 年第 10 届远东运动会后，日本挟菲律宾要求解散远东运动会，将"满州国"拉入另组的"东亚业余体协"。对此，中方发表宣言，予以坚决反对。长达 20 余年的远东运动会遂宣告终止。

远东运动会既是我国最早参加的国际赛事，又是 20 世纪上半叶我国参加次数最多的国际比赛。远东运动会为我国参加国际性赛事提供了宝贵的经验，其代表团的选拔、组织、培训和参赛等方面都直接为后来我国参加奥运会积累了不可多得的经验，在我国近代体育史上具有重要意义。

奥运三问

（二）参加奥运会

首届现代奥运会于 1896 年举办。前两届奥运会期间，国际奥委会与当时的清政府未取得联系。1904 年第 3 届奥运会期间，中国一些报纸对其进行了报道，其后一些媒体和民间人士不时发出中国参加奥运会的呼吁。1907 年 10 月 24 日，著名教育家张伯苓在天津发表了以奥林匹克运动为题的著名演说，建议中国派团参加奥运会。1920 年，国际奥委会致电承认由中国参与发起的远东运动会，并邀请中国参加下一届奥运会。1922 年，在国际奥委会第 21 届全会上，王正廷被选为中国首位国际奥委会委员，这也是中国与国际奥委会首次发生正式联系。1928 年第 9 届奥运会在荷兰阿姆斯特丹举行，中国派宋如海作为观察员出席开幕式。1931 年，中华全国体育协进会被国际奥委会承认为"中国奥林匹克运动委员会"。民国期间，中国参加了 3 届奥运会，分别为 1932 年在美国洛杉矶举行的第 10 届奥运会；1936 年在德国柏林举行的第 11 届奥运会；1948 年在英国伦敦举行的第 14 届奥运会。这一时期还产生了孔祥熙、董守义两位国际奥委会委员。

中国参加第 10 届奥运会。1932 年 7 月 30 日—8 月 14 日，第 10 届奥运会在美国洛杉矶举行。由于条件不具备，中国开始并不准备派运动员参加。但日本政府竟利用这个机会电告国际奥委会，声称要派伪"满州国"代表参加奥运会。为了抵制日本帝国主义分裂中国的阴谋，中华全国体育协进会出面募捐，临时派出由沈嗣良为领队、宋君复为教练、刘长春为运动员，另有美籍华人申国权、刘雪松和美国人托平为职员的代表团前往参赛。其间，刘长春先后参加 100 米预赛、200 米跑预赛，但在预赛即被淘汰。尽管中国运动员首次参加奥运会未能取得好成绩，但是粉碎了日本帝国主义妄图在国际社会推出其所一手炮制的"满州国"的阴谋，维护了中国的尊严和主权。

中国参加第 11 届奥运会。1936 年 8 月，第 11 届奥运会在德国柏林举行。国民政府对派团参加此届奥运会予以高度重视。中华全国体育协进会于 1935 年便受命进行准备，提前选拔和培训运动员。参加此届奥运会的中国代表成员达 141 人，其中运动员 69 人，参加了 5 个项目的比赛和国术表演。比赛中，除田径项目符保卢撑竿跳进入复赛外，其余均在预赛中被淘汰。此届奥运会上中国派出了由张文广、郑怀贤、金石生、翟涟源（女）、傅淑云 5 人组成的中华国术表演队（图 8-2），他们于 8 月 11 日被安排在柏林露天剧场正式表演，历时 1 小时，受到在场 3 万余观众的热烈赞誉。这是中国武术第一次在国际赛场上登台亮相，也标志着"土体育"得到社会和体育界的广泛认同。虽然中国代表团在此届奥运会成绩并不理想，反映出中国竞技体育与世界体育强国有明显差距，但这是中国第一次派出大型代表团参加奥运会多个项目的比赛，也显示了中国体育的发展与进步。

图 8-2　中华国术表演队

中国参加第 14 届奥运会。1948 年 7 月，第 14 届奥运会在英国伦敦举行。这是第二次世界大战结束后首次举行的奥运会。中国派出了由 35 名运动员和 30 名随员组成的代表团参加。中国运动员在各个项目的预赛中全部被淘汰。由于经费严重不足，比赛结束后部分中国运动员竟因没有路费回国而流落海外。

第五节　"国粹体育"的发展与传统体育的转型

经过清末部分有识之士和武术界人士的努力，至民国时期，以传统武术为核心、以"国术"和"国粹"为名的中华传统体育文化价值逐渐为社会和体育界所接受。以"国术馆"的成立和"国术"进入全运会甚至进入第 11 届奥运会舞台为标志，中华传统体育得以"正名"并通过转型成为中国近现代体育的重要组成部分。

一、中央国术馆的建立

近代西方体育的传入，刺激了以武术为代表的中国传统体育的兴起。20 世纪 30 年代前后，以"国术""国粹"为号召，武术、摔跤、射箭、气功等民族传统体育方兴未艾。随着全国各地民间拳社组织的大量涌现和武术的广泛开展，建立全国性武术组织对各地武术发展进行指导与管理成为时代的需求。

1927 年 3 月，经著名武术家、西北军高级将领张之江发起倡议，蔡元培、孔祥熙、何应钦、于右任、李烈均等高层热心人士连署呈请南京政府行政院批准，在原国术研究所基础上成立了中央武术馆。同年 6 月，更名为中央国术馆（图 8-3）。这是中国历史上第一个民族体育的全国性组织。所谓"国术"，是民国时期对武术的称谓，不仅包括各类拳法器械，还包括射箭、摔跤、气功等中国传统武技。

图 8-3　中央国术馆开馆典礼

国术馆下设理事会，张之江任馆长。国术馆成立初期设少林门与武当门，1928 年底，因门户之见发生了两派掌门比武的事件，在社会上引发负面影响。此后，国术馆取消两门制，设立编审、教务、总务三个处，后又设参事室，广泛罗致社会名流加入。国术馆经费由政府财政部每月补助 3000 银圆，其余为社会捐助和自筹。抗日战争爆发后，国术馆迁往重庆，抗战胜利后重新迁回南京。

国术馆作为半官方性质的全国武术管理机构，成立不久，国民政府通令全国各省、市、县、区、乡（村）设立相应的下属机构。截至 1933 年底，已有江苏、北平等 24 个省市建立了国术馆，县级国术馆达到 300 余所，许多区、乡（村）也建立了支（分）馆（社、所），形成一个自上而下的国术馆系统。

1929 年 2 月公布的《中央国术馆组织大纲》规定，中央国术馆"以提倡中国武术，增进全民健康为宗旨"，其任务是"研究中国武术与体育，教授中国武术与体育，编著关于国术及其他武术之图书"，并"管理全国国术事宜"。1933 年，中央国术馆组织了中央国术体育研究会。1934 年 2 月，成立了全国国术统一委员会。中央国术馆还创办了《中央国术旬刊》《国术月刊》《国术特刊》等学术刊物。

中央国术馆及各地国术馆的主要活动之一是组织国术考试。民国时期共举行了两届国术考试，第 1 届国术考试于 1928 年 10 月 1—7 日在南京举行。选手包括各省选派人员和中央国术馆师生共 400 余人。大会裁判长为孙禄堂和马良。考试分为初赛和正式比赛。内容主要是散手，包括徒手、短兵、长兵和摔跤等项目。比赛最后产生"最优"15 名，"优等"30 名。前三名分别被授予"国士""侠士""武士"称号。第 2 届国术考试于 1933 年 10 月 20—30 日在南京举行。参加者有各省市及中央国术馆等 20 个单位共 429 名选手，其中女选手 9 人。比赛科目有拳术、长兵、短兵、摔跤、搏击等，考试按《国术考试条例》及细则进行，选手按体重分为五级。除了这两次国考外，许多地方还举行过国术省考、市考或县考。

国术馆系统的一项经常性工作是推广和普及武术，包括举办各种训练班、派人到机关和学校进行辅导和设立武术辅导站等。国术馆成立后还进行过一些国际文化交流活动，其中最重要的有：1933 年张之江率领的中国武术代表团访问日本，1936 年张之江率队出访新加坡、马来亚等东南亚各国，以及 1936 年第 11 届奥运会期间派出武术代表队随中国奥林匹克代表团赴欧表演。这些活动将中国武术推向世界，加强了国际体育文化的交流，提高了武术在国际上的地位。

国术馆系统的建立是中国历史上首次中央政府对武术加以统一管理的尝试，也是中国传统武术近代化转型的重要标志。首先，国术馆的成立将传统武术首次纳入了政府的社团管理范围，使之从民间自生自灭状态转型为官方承认的组织系统，从而有力推动了传统武术的改造和发展。其次，国术馆的建立实质上是按照近现代伦理、法制和体育原则对传统武术加以引导和改造，使之转型成为一种为文明社会所接受的近代体育活动。再次，国术馆的章程和宗旨打破了传统武术固有的宗法形式与门户之见，将各门各派武术聚集在一起共谋发展和进步，这在中国武术史上是无前例的。另外，国术馆通过举行考试、人员培训、研究整理武术典籍、出版有关武术的学术期刊、开展对外交流等工作，有力推动了中国武术的继承、整理、传播与普及。尽管在其建立和发展过程中出现了不少问题，但客观而言，国术馆系统的建立对武术的发展与转型起到了重要的推动作用。

二、"土洋体育之争"对传统体育价值的反思

20 世纪 30 年代初，体育界爆发了一场关于中国体育发展道路的论战。由于其争论核心是关于中国体育究竟应以西方近代体育为主，还是应走本民族传统体育的路子，因而被称为"土洋体育之争"。这场争论实际上是继五四运动前后"国粹体育之争"后中西文化在体育领域的又一次碰撞和冲突。

"土洋体育之争"的起因是 1932 年洛杉矶奥运会刘长春首次代表中国参赛失利，时值全国体育会议即将在南京召开，会议准备讨论制定"国民体育实施方案"。1932 年 7 月，北平《世界日报》发表社论，呼吁进行体育改革，由此拉开了论战序幕。同年 8 月 7 日，《大公报》发表题为《今后之国民体育》的社论，高度赞扬了以武术和养生为中心的"土体育"价值，提出"脱

离洋体育，提倡土体育"的口号。该文提道：西洋体育有"消磨时光""运动过度""器材昂贵""眩于欧化"弊端，而传统体育内容丰富，又有祛病延年功效，费用便宜，骑射等内容又适合救国时势需要。文章认为，中国体育应远离奥运会和远东运动会，走以武术和养生术等为主的传统体育路子。其后，《大公报》及其他一些媒体又陆续发表多篇言论和文章宣扬以"土体育"取代"洋体育"。

体育"脱洋倡土"论一出，立即引起舆论的关注。以吴蕴瑞、袁敦礼等为代表的主流体育学者在天津《体育周报》发表一系列文章，对这一言论进行反击。他们认为，"土洋体育之争"的本质是中国体育是实行开放主义，还是实行关闭主义，指出推行体育固然应根据"国民性和国情"，但不能拒绝学习外国体育的先进成果。他们指出，主张"土体育"的人所说的传统体育"祛病延年，锻炼筋骨"，其实只是体育功能的一部分。近现代体育的根本意义在于"增进人类幸福，提高工作效率，使人格高尚，趣味浓厚，并养成适应于文化社会的生活"，① 而这些功能是传统"土体育"所不具备的。他们还指出，西方体育以近代科学为基础，具有"土体育"所缺乏的三个明显优点：一是"兴趣浓厚"；二是能激发中华民族的奋斗精神；三是能培养民众团结合作的精神。

"土洋体育之争"可以说是20世纪20年代初"国粹体育之争"的继续。客观而言，"脱洋倡土"论显然情绪多于理性，不仅违背世界体育发展的潮流，其表现出来的封闭意识与盲目崇"土"的观点也与中国社会和体育发展的需要背道而驰，而且在近代体育已扎根中国的现实中实际上也是行不通的。但这场争论也引起学界和社会对包括武术、养生在内的传统体育的关注与重新审视，促使教育界和体育界以更为理性与科学的态度来对待"土体育"和"洋体育"的长短，客观促进了传统武术地位的提高和被体育界所承认。

---

① 评大公报七日社论，体育周报，第30期，1932年8月27日。

第六节　全面抗战时期大后方的"战时体育"

1937 年 7 月，抗日战争全面爆发后，南京国民政府决定迁都重庆，标志着以四川为中心的西南抗战大后方基地的形成。随着抗战初期大批国土沦丧，大批高校迁至大后方。据不完全统计，在全面抗战时期我国内迁高校约有 124 所，其中有 70 余所内迁至川、滇、黔等西南大后方。重庆、成都、昆明等地成为战时大后方高校集中地。与此同时，以四川为中心的西南大后方也成为战时兵源的主要来源地。为适应战时需要，尤其是为了满足兵源的需求，国民政府开始修订大后方学校体育政策、法规，调整体育课程内容，并全力在国民中开展战时体育。

抗战期间，在"战时体育军事化"和"战时教育平时看"战略的指导下，国民政府制定颁布了一系列战时体育管理体制，建立了战时体育教育行政管理机构，出台了新的战时学校体育实施方案、课程标准及体育实践标准、临时补救方案等。1938 年，国民政府教育部制定颁发了《改善教育实施方案》，确定了"平时为自卫，战时为卫国"的战时体育定位，要求大后方各级学校推行军训，对学生进行强制性的课外运动和童子军训练，并提倡进行劳动服务，以保证学生的强健体力。

1939 年，国民政府在重庆召开全国教育会议，会上通过了《体育教育改进案》，强调战时体育的目的不仅是谋求个人的健康，而且是求得国家民族乃至全人类的生存。

1940 年 10 月 10 日，国民政府在重庆召开了"第一次全国国民体育会议"。这是抗战时期规模最大、级别最高的一次体育大会。会议邀请了在抗战以来迁徙聚集于大后方的全国教育、体育、军训、卫生等领域的名人、学者、专家，讨论了战时体育的开展与实施等问题。会议在 5 天之内产生了 70 多件决议案，包括《全国中等以上学校附设民众体育场案》《请中央颁发战时国民体育实施方案以增强力量案》《请迅速编辑国民体育丛书案》《发展国术以普及国民体育案》等。会议根据战时要求调整了国民体育和学校体育的实施方针与措施，促进了抗战时期大后方的国民体育和学校体育的实施。虽然在战时条件下，很多提案与建议未能真正落实，但这次大会还是对推动大后方的体育发展起到了重要作用。

1941 年国民政府在《国民体育法》（1929 年）的基础上，重新修订颁布了《修正国民体育法》。新体育法明确规定，教育部主要负责管理全国的体育行政事务，要求设立体育专员具体负责体育事务，并对全国体育课程科目设置及教材纲要的修订负责。同时，法令还要求包括各级学生在内的所有国民都须全部接受体育训练。

1941 年底，国民政府"教育部体育委员会"更名为"教育部国民体育委员会"，制定了《国民体育委员会章程》（以下简称《章程》）。规定教育部的体育教育管理工作主要包括体育教育和童子军的训练工作、小学的体育教育工作、大专院校的体育教育工作和有关学校体育的一些重要体育事项。《章程》对教育部与各级政府教育行政管理部门的体育管理职能与权限做了明确的分工。为了推动战时体育的开展，国民政府委托教育部国民体育委员会管理全国的体育工作。

1942 年，国民政府把每年 9 月 9 日定为体育节，并推出一系列规定，包括节前一周的宣传活动、体育项目的范围不论中外等。

抗战时期，大量高校内迁，将先进的体育理念、体育教育思想和体育人才带到了西南大后方，使原本相对落后的西南地区的体育教育和体育事业得到改善。国民政府为了满足大后方体育师资的需要，陆续成立了各类专门培养体育师资的师范院校和专科学校 22 所，其中就包括现成都体育学院的前身——成立于 1942 年的四川体育专科学校。

总体而言，在艰苦的抗日战争时期，国民政府的上述措施使中国的近代体育得以延续，基本上保障了大后方战时学校体育的正常实施，对抗日战争取得最后胜利起到了一定作用。

第七节　中国共产党领导下的红色体育

1921 年 7 月，中国共产党诞生后，领导中国人民进行了艰苦卓绝的革命斗争，最终建立了中华人民共和国。在长期的革命战争中，产生了中国共产党领导下的新型体育——红色体育。这一新的体育理论与实践不仅为中国人民的解放事业最终取得胜利作出了贡献，也是中华人民共和国建立后的"新民主主义体育"及社会主义条件下中国特色体育发展道路的先声和思想理论来源。

一、红色体育的性质与指导思想

红色体育，是指中国共产党成立后至中华人民共和国成立以前，在党的领导下建立红色政权后的体育方针与实践。红色体育的性质是在近代体育背景下，中国共产党领导的为工农大众健康和服务于革命战争的体育。红色体育的发展可分为三个时期，分别是土地革命战争时期的红色根据地体育、抗日战争时期的抗日民主根据地体育、解放战争时期的解放区体育。

与中国共产党的建党宗旨一致，红色体育的指导思想是马克思主义的无产阶级学说，其核心是体育为谁服务的问题。早在五四运动和新文化运动时期，中国共产党的缔造者陈独秀、李大钊、恽代英、毛泽东等已开始运用阶级学说来阐述体育的社会属性，指出体育不应该只为少数人拥有，而应该服务于人民大众。1932年，中华苏维埃中央政府在文化教育总方针中明确指出，"体育运动应在工农群众中去开展"。1941年，毛泽东为《解放日报》体育专刊题词"发展体育运动，提高人民体质"，确定了体育"人民性"的根本指向，为建设红色体育实践提供了指导方针与理论依据，也为后来中国体育指导方针的确立奠定了基础。

二、红色根据地的体育

1927年4月，国民党叛变革命，第一次大革命失败。为了挽救革命，中国共产党发动和领导了"八一"南昌起义和秋收起义，先后创建了江西中央苏区、川陕苏区等红色根据地，建立了苏维埃工农革命政权，由此也开始了共产党领导下的红色体育实践。

在红色根据地，尽管条件艰苦，党和苏维埃政府仍然十分重视在军队和群众中开展各种体育活动，使苏区的体育运动生机勃勃，蓬勃发展。在苏区各地建立的列宁小学中广泛开展了田径、球类、游戏等体育活动，与此同时，还通过少共中央、少先队、儿童团等组织开展体育活动。1934 年 4 月 8 日，少共中央总训练部编辑出版了《少队游戏》《少队体操》。周恩来、张爱萍发布了"少共中央第四号命令"，指出"《少队游戏》与《少队体操》是少队的游戏、体操的基本训练材料，各级队部都应依此加紧对队员的教育，活泼与锻炼每个队员的体力，适合于革命战争"。在少共中央指导下，儿童团、少先队等组织经常举办各种形式的体育比赛。中国共产党在开创根据地的时期，为了培养和训练干部，创办了许多大学和专科学校，这些学校都开设体育课，开展课外体育活动。苏区机关也经常开展体育活动。中央苏区机关体育活动以篮球等球类项目为主，各级领导带头参加，各单位还经常举行比赛。苏区的厂矿、农村体育活动大多按民兵组织形式进行。

在体育运动广泛开展的基础上，苏区军民每逢"五一""七一""八一""五卅""九一八"等节日和纪念日都要举行大规模的运动会。其中规模较大的是中华苏维埃共和国第一次运动大会，又称"五卅"全苏区运动会。这次运动会于 1933 年 5 月 30 日至 6 月 3 日在瑞金叶坪大练兵场举行。参加这次运动会的运动员 180 余人，分别来自红军一、三、五军团和江西省军区、江西省少先队、福建少先队、中央机关，以及苏区各县。比赛项目有篮球、排球、足球、乒乓球、网球、田径等。运动会主席团由博古、邓颖超、张爱萍、杨尚昆等 7 人组成，博古任总评判主任，洛甫、邓颖超、毛泽东、项英、杨尚昆、陈云等为总评判员。运动会结束后，宣布成立了"中华苏维埃共和国赤色体育会"，推选项英、王盛荣、邓发、张爱萍、施碧晨 5 人为委员。这是苏区时期的第一届，也是唯一一届"全运会"，在红色体育史上占有重要的地位。

三、抗战时期陕甘宁边区的体育

1935 年 10 月，中央红军长征到达陕北。1937 年 1 月，党中央进驻延安。在抗日战争期间，陕甘宁边区在中共中央的直接领导和边区政府的组织下，开展了蓬勃的体育运动。这是红色体育发展的第二阶段。

1940年，根据中共中央青年工作委员会的倡议，为了推动根据地的体育发展，成立了延安体育会。该会的主要任务是组织和推动各机关、部队、学校及工厂的群众体育运动，增强体质，提高工作、生产和学习效率，以便战胜日本侵略者。延安体育会除了组织和开展各类运动项目外，还着重提倡射击、掷手榴弹、武装超越障碍赛跑及赛马等军事体育项目，以使体育运动为抗战服务。

1942年1月，由朱德、吴玉章等领导同志及延安体育会、延安大学体育系、军人俱乐部等单位发起，成立了"延安新体育学会"。在成立大会上，通过了《新体育学会简章》，选出了理事，确定了学会的任务是编辑体育教材、培养体育干部、开展体育理论研究等，并拟出了"体育对医疗卫生的作用"等研究题目。延安体育会、延安新体育学会等体育组织的成立，有力地推动了陕甘宁边区体育运动的发展，为红色体育事业的全面发展奠定了思想和干部基础。

为了适应体育运动广泛深入发展的需要，解决体育干部缺乏的难题，1941年春季开设了青年干部体育训练班。同年8月，陕北公学、中国女子大学与泽东青年干部学校合并为延安大学。体训班并入延安大学，改为"延大"体育系，从各处调来的有运动基础的青年干部和学生共30多名。开设课程包括排球、篮球、田径、垫上运动、舞蹈、滑冰、游泳、徒手体操、双杠、解剖学及卫生学10余门专业课。"延大"体育系虽然只办了一年，但为根据地培育了一批从事体育工作的骨干，对延安和边区的体育发展起了一定作用。

抗日战争期间，抗日根据地各类运动竞赛活动蓬勃开展。延安几乎每个星期日都要举行体育比赛。1942年9月1日在延安青年运动场召开的"九一"扩大运动会（图8-4）是陕甘宁边区规模最大的运动会。这次运动会竞赛项目有100米、1500米、10000米、跳高、跳远、铅球、篮球、排球、游泳、射击、投弹、爬山和超越障碍等，表演项目有网球、足球、棒球、武装泅渡、跳木、举重、单杠、双杠、团体操、武术和骑术等。运动会历时6天，有1380名男女运动员参加了比赛。大会期间还通过了9月9日为体育节及成立边区体育总会等决议。

图 8-4　1942 年延安"九一"扩大运动会中的女子排球比赛

　　中国共产党领导的抗日军队高度重视配合军事训练开展各种体育活动。其中以贺龙任师长的一二〇师最具代表性。早在抗战初期,一二〇师便经常举行赛马、长跑和篮球等运动。在贺龙的亲自关怀下,1938 年春成立了名震根据地的"战斗"篮球队(图 8-5),其队员多由一二〇师各单位的参谋、科长、政治协理员、秘书和干事组成。"战斗"篮球队自成立以后,战绩显赫,所向披靡,威震全军。1940 年,"战斗"篮球队在延安战胜了所有强队。1942 年荣膺"九一"扩大运动会冠军。朱德同志高度赞扬"战斗"篮球队是"球场健儿,沙场勇士"。1940 年,一二〇师在司令部军事教育科下设了体育股,在旅纵队司令部教育科中设立了体育参谋,在团司令部里设立了体育参谋,并在各级体育组织的领导下开展体育活动。一般每年要举行一两次全师运动会,多次举办短期的体育集训班,以加强各基层开展体育活动的组织和管理能力。由于该师首长高度重视,措施有力,全军参与,一二〇师成为根据地体育的一面旗帜。其"战斗"篮球队的建设经历是中国现代竞技体育发展的宝贵财富。

1940年秋，"战斗"篮球队与东干篮球队在山西省兴县
李家湾进行了友谊赛。赛后，贺龙等首长与两队队员合影留
念。图中排左起：甘泗淇、林枫、周士弟、绫范亭、贺龙、
张学恩；后排左起：刘卓甫、王廷弼、陈麦还、黄烈、张之槐、
栗树彬；前排左起：张联华、董济民、武选生、代金川。

图8-5 一二〇师"战斗"篮球队

四、解放战争时期解放区的体育

1945年抗战胜利后，八路军、新四军改称为中国人民解放军。为了彻底粉碎国民党的"和谈"阴谋及准备发动的内战，人民解放军开展了轰轰烈烈的大练兵活动。在练兵热潮中，各部队除大力开展军事体育，如投弹、刺杀、劈刀、木马、射击、搏斗、夺枪及摔跤外，还进行了各种类型的练兵检阅和表演活动，以检查、促进、提高练兵实效。人民解放军的大练兵运动促进了人民军队体育运动的开展，对战士掌握杀敌的过硬本领、增强部队作战能力产生了直接作用，从而为彻底粉碎国民党数百万武装、解放全中国做了充分的准备。

这一时期，较早成为解放区的东北旅大地区的体育运动开展得最具特点。由于解放时间较早，随着生产建设的恢复和人民生活的改善，在该地区的党政领导下，建立了各类体育社团，积极开展各类球类运动，举办地区运动会，发展学校和厂矿体育，编创大众操在各工厂学校推广。旅大地区开展的群众性体育运动，为后来党的工作重心由农村进入城市后开展体育运动提供了有益的经验和榜样。

问题与思考

1. 民国时期的体育思想有哪些主要内容？

2. 《体育之研究》的主要观点是什么？在中国近代体育史上有何意义？

3. 民国时期学制的变化对学校体育产生了什么影响？

4. 民国时期中国参加了哪些重要国际赛事？对中国近代体育的发展有何影响？

5. 民国时期传统体育有何发展和变化？有何意义？

6. 简述中国共产党领导的红色体育的主要内容及影响。

拓展阅读书目

1. 崔乐泉. 中国体育通史 [M]. 北京：人民体育出版社，2008.

2. 张博. 近代中国的奥运记忆 [M]. 天津：天津古籍出版社，2008.

3. 崔乐泉. 中国体育思想史 [M]. 北京：人民体育出版社，2008.

[名师讲堂]

近代体育思想的演进　　　　中国早期的奥林匹克运动

新民主主义体育的兴起与发展

体 育 史

第九章

中国现代体育事业的奠基与探索

　　1949 年 10 月 1 日，中华人民共和国成立，标志着始于 1840 年的中国近代体育进程结束，进入了中国现代体育的伟大征程。中国现代体育的发展大致经历了两个时期：第一个时期从 1949 年 10 月至 1978 年，这是新中国体育事业的奠基与探索时期；第二个时期从 1978 年至今，这是中国体育在改革开放大背景下实现腾飞和大发展时期。

　　中国现代体育的第一个时期又可以分为三个阶段。第一阶段从 1949 年至 1956 年，这是中华人民共和国成立后的新民主主义体育阶段，其主要任务是在改造旧中国体育的基础上确立新中国体育的发展方针与探索建立新的体育管理体制与运行机制。第二个阶段从 1956 年至 1966 年，这是新中国体育体制的形成与进入社会主义建设时期中国体育发展道路的探索阶段。第三阶段从 1966 年至 1978 年，这是"文革"内乱背景下中国体育遭受挫折和逐渐恢复的阶段。总的来看，这一时期是中国现代体育的奠基时期，也是中国特色体育发展道路的形成与探索时期，为 1978 年后在改革开放时代中国体育的腾飞与大发展奠定了基础，提供了宝贵的经验。

华全国体育总会的成立，宣告了原"中华全国体育协进会"的终结。中华全国体育总会成为代表中国人民的唯一合法的全国性体育组织，同时也接管了中国奥委会的职能。

1952年7月19日—8月3日，新中国首次派出代表团参加在芬兰赫尔辛基举行的第15届夏季奥运会。在此届奥运会上，苏联首次参赛获得金牌榜第二，给中国代表团带来极大的震撼。奥运会结束后，代表团部分成员赴苏联考察该国的体育管理体制，以及学习借鉴体育运动发展的经验。鉴于发展体育事业的重大意义，以及在国际政治、外交上的重要性，1952年11月15日，中央人民政府成立"中央人民政府体育运动委员会"（1954年改称中华人民共和国体育运动委员会），任命贺龙为委员会主任。体育从此成为中央政府直接管辖的一项重要事业。

三、新的学校体育规范与体育师资培养体系的建立

中华人民共和国成立后，党和政府对学校体育工作高度重视。1950年和1951年，毛泽东主席先后两次写信给当时的教育部长马叙伦，提出"健康第一，学习第二"的指示。1951年8月6日，中央人民政府政务院发出《关于改善各级学校学生健康状况的决定》，指出要"切实改进体育教学，尽可能地充实体育娱乐的设备，加强学生体格的锻炼"；规定"学生每日体育、娱乐活动或生产劳动时间，除体育课及晨操或课间活动外，以一小时至一小时半为原则"。在党和政府的高度重视和领导下，学校体育工作开始走向了全面建设的轨道。

1952年，教育部和国家体委联合颁布了《学校体育工作暂行规定》，明确指出我国学校体育的基本目标是："促进学生身心发展，增强体质，并对学生进行道德品质的教育，使他们能很好地完成学习任务，从事社会主义建设和保卫祖国。"为了达到这一目标，教育部于1952年在《各级各类学校教育计划》中正式规定：从小学一年级到大学二年级，均开设体育必修课，每周两学时，以保证学校体育目标的实现。

1953年，教育部组织翻译了苏联十年制体育教学大纲，向全国体育教师

进行介绍，以便学习和借鉴。1956 年 7 月和 11 月，教育部分别制定了适合我国国情的《小学体育教学大纲（草案）》和《中学体育教学大纲（草案）》，以及《师范学校体育教学大纲（草案）》。高等教育部亦于 1956 年制定了第一个全国统一使用的《高等学校普通体育课教学大纲》。体育教学大纲的颁布，使各级各类学校的体育教学工作有了统一的规范要求，并初步建立起我国学校体育教学课堂常规。

鉴于中华人民共和国成立后体育师资极度缺乏的状况，发展以体育师资培训为中心的体育专业教育的必要性和迫切性日益突显。1952—1956 年，在全国大区布局的背景下及"以培养工业建设人才和师资为重点，发展专门学院和专科学校"的全国高校院系调整方针指引下，1952 年始，通过调整合并各地各类学校原有体育系科，先后建立了国家体委直属的华东体育学院（上海体育学院）、中央体育学院（北京体育学院）、中南体育学院（武汉体育学院）、西南体育学院（成都体育学院）、东北体育学院（沈阳体育学院）和西北体育学院（西安体育学院）；恢复和建立了 28 个师范院校体育系科。除了上述六所体育院校外，1956 年以后，各省和直辖市还分别建立了一批体育院校。这些体育院系的建立，为我国培养了急需的体育专门人才，有效地缓解了学校体育师资需求的矛盾，促进了学校体育事业的发展。

四、广播体操与"劳卫制"的开展与实施

中华人民共和国成立之初，在各级人民政府的领导下，由群众体育组织协助政府组织领导并推进国民体育运动。中华全国体育总会成立后，各大行政区、省、市、县相继成立了体育分会。至 1956 年，全国建立了 21 个产业系统和其他系统体育协会，36000 多个基层体育协会。此外，军队系统也建立了"中国人民国防体育协会"。到 20 世纪 50 年代中期，我国初步建立了行政部门和社会组织两大体育管理体系。

1951 年 11 月 24 日，中华全国体总筹委会、教育部、全国总工会等 9 个单位联合下发了《关于推行广播体操活动的联合通知》。这是中国公布的第一套广播体操（图 9-2）。它的出台有力地推动了中华人民共和国成立初期群

众体育的广泛开展，很快在全国各地掀起了一个做广播体操的热潮。1954 年
3 月，中央人民政府政务院在《关于在政府机关中开展工间操和其他体育活
动的通知》中要求，在机关中开展工间操，正式规定在每天上午和下午的工
作时间中各抽出 10 分钟做工间操。据全国总工会 1954 年底的统计显示，北
京、上海、沈阳等 16 个城市和铁路系统经常参加体育活动的职工有 1169554
人，其中参加广播体操的有 745677 人。

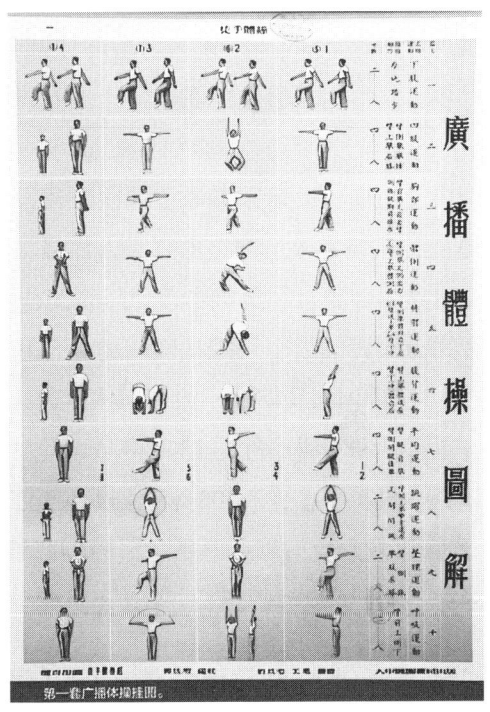

图 9-2　第一套广播体操挂图

［注］：人民体育出版社出版

为了提高群众尤其是青少年健康水平和身体素质，借鉴苏联劳卫制经验，
1952 年 6 月，中华全国体育总会发布《关于 1952 年开展体育运动工作的计
划大纲》，要求逐步推行"准备劳动与保卫祖国"的体育制度。1954 年 5 月
4 日，政务院正式批准中央人民政府体育运动委员会公布了《准备劳动与卫
国体育制度暂行条例》（简称"劳卫制"）及项目标准，这是新中国正式颁

布的第一个"国家体育锻炼标准"。"劳卫制"共分三级，包括劳卫制预备级、劳卫制第一级和劳卫制第二级；测试项目分必测与选测两种，涵盖了耐力、速度、灵敏、力量等多种身体素质；制定了详细的体能和技能标准。1964 年，"劳卫制"改为《青少年体育锻炼标准》。

随着体育方针的确立与体育组织的建立，群众体育得以蓬勃开展。1955 年 10 月，全国第 1 届工人体育运动大会在北京召开。参加比赛的 1700 名运动员是从全国 17 个产业系统 120 多万职工中选拔出来的。比赛项目有田径、自行车、举重、篮球、排球和足球，有 10 名运动员打破了 11 项全国最高纪录。与此同时，通过各级农村基层组织，在全国广大农村中也开展了各类体育活动。

中华人民共和国成立初期，由于军事斗争和国防建设的需要，军事体育得到高度重视。1950 年，军委总政治部提出要大力加强部队体育活动，要求连队革命军人委员会设立体育委员，负责本单位体育工作。1953 年，中央军委发布命令，将体育列为人民解放军正规化训练的一个基本课目。1952 年 8 月 1—9 日，在北京举办了中国人民解放军第一届体育运动大会。参加大会的有来自各大军区、各军兵种和直属单位的 1800 多名运动员。这次大会共进行了军事项目（通过障碍、投掷手榴弹、500 米全副武装越野跑等）、田径、球类等 44 个项目的比赛，以及航空、摩托车等 42 个项目的表演。此次运动会创造了一批全国纪录。

五、民族传统体育活动与少数民族体育的开展

中华人民共和国成立后，党和政府十分重视在研究和整理的基础上提倡与推广民族传统体育与少数民族体育活动。1952 年 11 月 15 日，刚成立的中央体委下设了"民族形式体育研究会"，依据"取其精华、去其糟粕，百花齐放、推陈出新"的方针，开展对武术等民族传统体育项目的挖掘、整理、继承和推广工作。

1953 年 11 月 8—12 日，中华全国体育总会在天津市第二人民体育场举办了"全国民族形式体育表演及竞赛大会"。这次运动会后来于 1984 年由国

家民委与国家体委联合定为第 1 届全国少数民族传统体育运动会。来自全国各地各民族的 397 名优秀选手参加了比赛。这次大会对新中国武术及民族传统体育发展产生了深远影响，表明了党和政府对继承和保护中华优秀传统体育文化的重视与支持。1953 年 12 月 2 日，中苏友好协会总会在北京青年宫主办了"全国民族形式体育表演及竞赛大会优秀运动员表演晚会"。

1954 年，在中央体委的大力支持下，成立了新中国第一支国家武术队。此后，在各级政府的鼓励下，全国各地的武术组织和活动迅速开展起来。与此同时，刚成立的六大体育学院也开设了武术课程，引进了一批著名武术家进行教学。如中央体育学院（现北京体育大学）引入张文广、刘英、吴守仁、窦文浩等；上海体育学院引入吴玉昆；沈阳体育学院引入郭效芬；武汉体育学院引入温敬铭、刘玉华；西安体育学院引入窦自治；成都体育学院在郑怀贤的努力下引入蓝素贞、王树田、肖应鹏等。体育院系成为我国武术传承与发展的重要基地。

六、中华人民共和国成立初期与社会主义国家的体育交往

中华人民共和国成立初期，为了增进我国与苏联等社会主义国家及友好国家的交往，学习先进经验，提高运动水平，新中国积极开展了与社会主义国家及友好国家的互访性竞赛活动。1951 年 8 月，中国派出男子篮球队和男子排球队参加了在民主德国举办的第 11 届世界大学生夏季运动会，两队均获第 6 名成绩，这是中华人民共和国体育代表团首次在国际赛事上亮相。1954 年 7 月，在匈牙利布达佩斯举行的第 12 届大学生夏季运动会上，中国派出体育代表团共 128 人参加了男女排球、男女篮球、游泳、田径、乒乓球等 7 个项目的比赛，引起了国际体坛的关注。在 20 世纪 50 年代，中国体育代表团还参加了第 1、第 2、第 3 届国际青年友谊运动会。通过参加这些国际比赛，不仅使我国运动员获得了宝贵的实战经验，提高了技术水平，更使全世界看到了中国运动员的精神面貌，产生了很好的国际影响。

为了改变体育运动的落后面貌，我国体育界把学习、吸收苏联和东欧社会主义国家的体育管理模式与先进经验作为一项重要工作。1950 年 8 月 28

日—11 月 28 日，以体育界人士和青年团干部组成的中华人民共和国第一个体育代表团应邀访问苏联，对苏联体育运动的组织领导、干部培训、学校体育等方面进行了较为系统的考察和学习。1952 年 7 月赫尔辛基奥运会后，中华全国体育总会秘书长荣高棠一行访问了苏联和各东欧社会主义国家。代表团回国后提出了应参照苏联模式，加强政府对体育工作的领导、建立中央体育运动委员会等建议。随后，贺龙、荣高棠、蔡树藩等率领中国体育代表团访问了苏联和东欧社会主义各国，对其政府体育机构、工厂、集体农庄的体育组织、青少年业余体校、体育场馆设施建设及体育科研状况进行了全面考察，学习苏联等国举办大型运动会和各项体育赛事的经验。与此同时，有关部门还邀请苏联和东欧国家体育代表团和有关专家访华，传授有关体育管理、赛事组织、运动训练、人员培训、医务监督等方面的知识与经验。这些对外交流和学习活动对中华人民共和国初期"新体育"的形成与变革产生了深刻影响。

除了参加社会主义国家举办的国际比赛以外，我国在中华人民共和国成立初期还陆续加入了排球、体操、游泳等国际单项体育组织，参加了这些组织举办的国际比赛，并经常与友好国家举办邀请赛、访问赛，加强国际运动员的交流，学习国际先进技术。

七、参加赫尔辛基奥运会

1952 年 7 月，第 15 届奥运会（图 9-3）在芬兰赫尔辛基举行。由于国际奥委会中一些人违背《奥林匹克宪章》中有关规定，不承认中华全国体育总会是领导全中国运动员的唯一全国性业余体育组织，因而引发了一场关于中国参加奥运会的合法权益的斗争。在中国政府和体育界的据理力争和坚决斗争下，国际奥委会才在离此届奥运会开幕前两天，作出邀请中华人民共和国派运动员参加比赛的决议。但同时也邀请了台湾的体育组织派代表参赛，并对中华全国体育协进会的席位予以保留，企图造成事实上的"两个中国"。

图 9-3　中国代表团在赫尔辛基升起国旗

　　面对严峻的国际形势，党中央为了打破国际反华势力的封锁，决定派团参加奥运会。周恩来总理在代表团临行前指示：在奥运会上升起五星红旗就是胜利！1952 年 7 月 29 日，中国体育代表团一行共 40 人抵达芬兰赫尔辛基，在奥运村升起了五星红旗。由于中国运动员到达时比赛已经接近尾声，仅游泳运动员吴传玉参加了 100 米仰泳比赛，成绩为 1 分 12 秒 3，没有进入决赛。足球队和篮球队因赛程已过半，未能参加正式比赛，只和一些友好国家球队举行了友谊比赛。此届奥运会中国体育代表团虽然未取得奖牌，但却具有重大政治意义。首先，中国运动员出现在奥运赛场，升起了五星红旗，打破了国际反华势力的封锁和阻挠。其次，这届奥运会突显了竞技体育代表国家统一与民族尊严，在国际政治和外交事务上具有重大意义与作用，从而促使我国领导人重新审视体育，尤其是竞技体育的价值与意义。再次，这是我国首次派代表团参加奥运会，由此获得了参加奥运会及国际体育比赛的经验。最后，这次参赛的经历促使中国体育主要领导人赛后访问苏联，此后开始全面学习苏联经验与体育体制，如成立中央体委、建立高水平专业运动队体制等。

第二节　中国特色体育发展道路的探索

1956年，中国进入了社会主义建设时期。随着国内外形势的变化，在党中央的领导下，中国体育开始了自身发展道路的探索。至1966年"文革"前，中国体育在"普及与提高相结合"方针指导下，在大力开展群众体育、发展学校体育的同时，建立了具有中国特色的竞技体育体制。虽然中国于1958年退出了国际奥委会，但这一体制的建立为后来中国竞技体育的快速发展奠定了基础。

一、"普及与提高相结合"方针指导下的农村体育与国防体育

中华人民共和国成立初期，中国体育发展模式主要借鉴苏联经验。进入社会主义建设阶段后，由于国际形势变化和外交需要，特别是针对国外反华势力制造"两个中国""一中一台"阴谋，发展竞技运动、提高竞技运动水平成为中国体育的迫切任务。因此，党中央提出了"普及与提高相结合"的体育方针，要求在普及体育的基础上提高运动水平。1959年4月18日，周恩来总理在第二届全国人民代表大会第一次会议上做的《政府工作报告》中指出："在体育工作中，应当贯彻执行普及和提高相结合的方针，广泛开展群众性的体育运动，逐步提高我国的体育水平。"这一报告正式提出了我国社会主义建设时期"普及与提高相结合"的体育方针，由此形成了社会主义中国以"发展体育运动，增强人民体质"为根本任务，以"普及与提高相结合"为基本方针的体育发展思路。

在这一体育发展方针指导下，群众体育不仅在城市中蓬勃开展，随着农村的合作化运动，在广大农村也掀起了开展体育运动的热潮。1956年6月，国家体委和青年团中央在北京首次召开了"全国农村体育工作会议"。会议规定，农村体育须依靠青年团组织，在发展生产的基础上，坚持业余、自愿、简便易行的原则，结合实际情况，积极开展农村体育运动。这次会议的召开，有力推动了农村体育的开展，使广大农村出现了前所未有的体育新气象。

1962 年，随着国民经济的逐渐好转，国家体委根据我国当时经济恢复和群众生活水平的实际情况，确定农村体育活动以城镇为重点，在方式上根据生产和生活情况适当开展，利用农闲和节日、集市开展一些小型比赛，以点带面，逐步扩大范围，恢复农村群众体育活动。从 1964 年开始，全国农村体育活动逐渐恢复，并且对少数民族的传统体育活动和传统武术等开展了研究整理工作。

20 世纪 60 年代，解放军在全军掀起"大比武"的热潮，各军兵种为了迅速提高战士的身体素质，广泛组织开展了球类、跳障碍、单双杠、长跑、拔河、登山、游泳等活动。与此同时，这一时期特定的国际形势使国防体育成为全国体育工作的重要组成部分。在"加强战备""准备打仗"的口号下，全国掀起了"全民皆兵"的练兵热潮，国防体育受到特别的重视和强化。群众性的国防体育活动以军事野营、射击和三防等项目为中心，以民兵为单位广泛开展，表现出民兵训练与群众体育紧密结合的特色。

二、中国现代竞技体育体制的初步形成

1952 年 7 月 29 日，中华人民共和国首次派出代表团参加第 15 届赫尔辛基奥运会，围绕中国在国际奥委会和奥运会中的代表资格问题，爆发了激烈的斗争。这一届奥运会突显了竞技运动在国际政治和外交战线的重大意义，对我国体育事业的发展产生了深远影响。此后，提高运动技术水平被提上重要议事日程，中国的体育体制和发展思路产生了深刻变化。

（一）建立"四位一体"的竞技体育体制

在"普及与提高相结合""国内练兵，一致对外"等指导思想下，20 世纪 50 年代至 60 年代，我国逐步形成了包括管理体制、训练体制、竞赛体制和保障体制在内的"四位一体"的专业竞技体育体制。具体而言，就是从中央、省（直辖市）、地市到区县各级行政部门构成的垂直型体育管理体制；以国家集训队、省体育工作队和地市级业余体校为中心的三级训练体制；以"全运会"为核心的国内竞赛体制，以及由政府提供所需经费和场馆设施的

保障体制。这一体制也就是后来人们所说的竞技体育"举国体制"。

从1952年开始，在中央人民政府直接领导下，国家体委成为领导全国体育工作的政府行政部门，负责统一领导、协调、监督全国的体育事业。与此相应，全国各省、直辖市和自治区的县以上政府均逐步建立了各级体育运动委员会，作为同级人民政府主管本地区体育事务的行政机构，并受同级人民政府及上级体委领导。由此形成了我国政府主导型的体育体制，体育成为政府管辖的一项重要的事业工作。

从20世纪50年代中期到60年代中期，中国体育形成了由国家体委，各省、直辖市、自治区体委和地市县体委构成的垂直型体育行政管理系统。各级体育管理部门除了开展群众体育外，还在竞技运动领域进行了分工。国家体委直接管理各个项目的国家集训队；省、（直辖）市、自治区成立并管理各个项目的专业运动队（又称"优秀运动队"或"体育工作大队"）；地市县则开办业余体育运动学校。到60年代"文革"前，这一具有中国特色的竞技体育体制基本形成。

（二）建立完善"三级训练网"竞技体育训练体制

在训练体制方面，1952年中央体委成立后，为了适应参加奥运会等国际体育活动的需要，开始建立各类运动项目协会。从20世纪50年代中期开始，在借鉴苏联体育模式的基础上，结合解放军体育工作经验，陆续建立了各个专项的"优秀代表队"，即专业运动队。至1966年前，国家体委已建立了篮球、排球、游泳、田径、体操、足球、乒乓球等主要项目的常设国家集训队。由此形成中央与省级两级专业运动队体制。1963年3月31日，国家体委印发《关于试行运动队伍工作条例（草案）的通知》。这是我国第一部关于专业运动队的正式文件。该条例对我国专业运动队的基本任务、培养目标、管理规范进行了全面阐释，并分章对训练原则、比赛要求、思想政治工作、文化教育、教练员、运动员、后备力量培养、医务监督、行政管理、组织和领导进行了全面的规定与说明。这一条例的出台，标志着中国竞技体育"举国体制"的训练体制与专业运动队体制走上了规范化与建制化道路。

在国家与省一级建立专业运动队的同时，县、区一级的业余体校也在各地陆续建立。1956 年，国家体委颁布了《青年业余体育学校章程（草案）》和《少年业余体育学校章程（草案）》，依照苏联模式建立了各级青少年业余体校。据有关资料统计，截至 1958 年 9 月，全国青少年业余体校已达 1.6 万多所，在校学生超过 77 万人。至 20 世纪 60 年代中期，逐渐形成了包括基层单位业余体校、重点业余体校、中心业余体校这样一个层层衔接的业余训练三级人才培养网络体系，成为国家优秀运动员的主要人才资源培养和储备基地。

为了迅速提高运动水平，在学习解放军大练兵和军事训练作风基础上，国家体委要求全国运动队做到"三从一大"的竞训原则。1964 年 12 月，国家体委在上海召开训练工作现场会议，学习传达周恩来总理和贺龙副总理关于训练工作的指示，集中观看了素有"魔鬼教练"之称的日本著名排球教练大松博文和日本女排的训练比赛。国家体委要求各地运动队坚决贯彻"三从一大"（从难、从严、从实战出发，进行大运动量训练）的原则；在运动队中树立"三不怕"（不怕苦、不怕累、不怕难）和"五过硬"（思想过硬、身体过硬、技术过硬、训练过硬、比赛过硬）的作风，实现训练工作的革命化。在 1965 年 1 月举行的全国体育工作会议上，国家体委又提出了"国内练兵，一致对外"的指导思想，要求力争在 3～5 年内实现 10 个主要项目赶上并超过世界水平的奋斗目标；争取实现在第 2 届全运会上打破一批全国纪录和一些项目的世界纪录。此后，"国内练兵，一致对外"成为中国竞技体育发展的基本原则与指导思想。

（三）中华人民共和国第 1 届运动会的召开与国内竞赛体制的形成

从 20 世纪 50 年代中期开始，我国的竞技体育竞赛体制开始形成。1956 年，国家体委颁布了《中华人民共和国运动竞赛制度的暂行规定（草案）》，规定我国正式举行的运动项目共 43 个。其中田径、体操、篮球、排球、足球、垒球、羽毛球、网球、乒乓球、游泳、跳水、水球、速度滑冰、花样滑冰、冰球、滑雪、举重、拳击、摔跤、技巧运动、自行车等 22 个项目每年举行锦标赛一次。足球、篮球、排球实行全国甲、乙级队联赛制度，每年举行一次，每次比赛两轮，甲级赛的末两队降为乙级，乙级队的前两名升入甲级队。此后，国家体委陆续颁布了《关于各级运动会给奖方法的暂行规定》《关于如何审查与承认省（自治区）、市最高纪录的几点规定》《各项运动全国最高纪录审查及奖励制度》《中华人民共和国运动员等级制度》和《中华人民共和国裁判员等级制度》等竞赛管理文件，有力促进了国内竞赛管理的规范化。

1959年9月13日，中华人民共和国第1届运动会（图9-4）在北京工人体育场隆重开幕。此届运动会举办的目的是检阅中华人民共和国成立10年来体育战线所取得的伟大成就，推动群众体育运动的发展。毛泽东主席和其他党和国家领导人出席了开幕式并观看了大型团体操《全民同庆》。第1届全运会从9月13日开幕到10月3日闭幕。共有来自各省、市、自治区和中国人民解放军29个参赛单位，10658名运动员参加了比赛。竞技项目共计36个。共有7人在游泳、跳伞、射击和航空模型比赛中4次打破世界纪录，664人844次打破106项全国纪录。

图9-4　中华人民共和国第1届运动会

1965年9月11日，第2届全运会在北京工人体育场开幕。毛泽东、刘少奇、周恩来、朱德、邓小平等领导人出席了开幕式并检阅了体育队伍。开幕式上，首都90个单位、16000多人表演了历时70分钟的大型团体操《革命赞歌》。

到 20 世纪 50 年代末，我国运动员不仅全部刷新了 1949 年以前的全国纪录，在举重、女子跳高、男子蛙泳、男女跳伞、射击、航空模型等 18 个项目中有 39 人 31 次打破世界纪录，取得了前所未有的优异成绩。

四、中国退出国际奥委会与参加"新兴力量运动会"

中华人民共和国成立后，随着国际体育交往日渐频繁，通过积极参加各项国际赛事，体育成为传递中国人民友情、建立中华人民共和国对外形象和对外交流的重要途径与手段。同时，围绕新中国在国际奥委会和参加奥运会的代表资格，在党中央的领导下，中国体育界为挫败国际反华势力企图孤立和分裂中国的阴谋开展了坚决斗争，捍卫了国家的利益。为了打破国外反华势力的封锁，我国还积极参与和举办各项国际体育赛事。

（一）中国乒乓球队在国际比赛中崭露头角

20 世纪 60 年代，为了配合我国的对外战略，打破敌对势力的孤立与封锁，中国体育界积极开展对外交流，参加和举行各项国际体育赛事，取得了一系列令人瞩目的成就。

1961 年，我国主办了第 26 届世界乒乓球锦标赛。这是中华人民共和国成立以后主办的第一个世界性体育大赛，也是中国首次独立举办大型国际赛事。在比赛中，中国男队以 5∶3 战胜了五次蝉联团体冠军的日本队，荣获男子团体冠军；中国女队获得团体亚军。庄则栋与邱钟惠分获男女单打冠军。这届锦标赛正式宣告了世界乒坛"中国时代"的到来。中国运动员在比赛中不畏强手、勇夺冠军的顽强表现和奋发精神，极大地鼓舞了中国体育界与中国人民的斗志，对乒乓球运动在国内的普及产生了积极影响。

1963 年 4 月，中国乒乓球代表团参加了在布拉格举行的第 27 届世界乒乓球锦标赛。中国男队获得团体赛冠军，庄则栋蝉联男子单打世界冠军。张燮林、王志良获男子双打世界冠军。1965 年 4 月，中国乒乓球代表团在南斯拉夫卢布尔雅那举行的第 28 届世界乒乓球锦标赛上，获得五项冠军。庄则栋成为首位蝉联三届男子单打冠军的中国运动员。另外，中国还举办了 1964

年、1965 年乒乓球国际友好邀请赛。中国乒乓球运动员在国际比赛中的优异表现和良好作风，极大地激励了中国人民的士气，成为全国人民学习的榜样。

（二）中国与国际奥委会断绝关系

20 世纪 50 年代，为了维护国家的主权和尊严，围绕中国在国际奥委会的地位问题，我国与当时国际奥委会少数领导人的错误政策进行了坚决的斗争。从 20 世纪 50 年代初开始，我国一直坚持两个基本立场：一是坚持中华全国体育总会系由前"中华全国体育协进会"改组而成，自然应被继续承认而不能作为新组织去重新申请加入国际奥委会；二是必须先驱逐台湾方面的代表，我们才能正式参加有关国际体育组织。

1956 年，在澳大利亚墨尔本举行第 16 届奥运会前，中华全国体育总会邀请台湾省运动员到北京参加选拔赛。但是，国际奥委会在邀请中国参加第16 届奥运会的同时，也邀请台湾以"中华民国"的名义参加奥运会。在第 16届奥运会组委会的文件上，不断出现"北京中国""福摩萨中国"字样。为了国家的尊严，11 月 6 日中华全国体育总会在北京发表声明：由于国际奥委会违反了《奥林匹克宪章》，中国运动员不参加本届奥运会。

1958 年 6 月，为了维护国家主权与尊严，中国宣布退出国际足联。此后国家体委经中央批准，决定凡是非法接纳台湾、搞"两个中国"的国际组织，我们全都退出。由于国际奥委会中个别领导人坚持在中国参加奥运会问题上的错误做法，在当时的国际政治环境下，为了坚决抵制"两个中国"的阴谋，维护国家的统一与主权，1958 年 8 月 19 日，中国奥林匹克委员会(中华全国体育总会) 发表了关于同国际奥林匹克委员会中断关系的声明，同时中华全国体育总会以同样的理由退出了 8 个国际体育组织；董守义也辞去了国际奥委会委员的职务。从此，中国与国际奥委会中断关系达 21 年之久。这不仅给中国体育的发展造成了巨大的损失，也给国际奥委会带来了无法弥补的缺陷。缺少中国人民的积极参与，大大降低了奥林匹克运动的代表性和普及性。

中国为了维护自身合法权益与国家尊严而进行的斗争，得到了包括大多数国际奥委会委员在内的国际正义力量的同情与支持，其中就包括了国际乒联。由于国际乒联章程规定，其成员可以是"国家和地区"，台湾作为一个地区性组织在国际乒联中保留席位。因此，在中国中断与国际奥委会和其他8个国际体育组织的联系后，中国仍继续和国际乒联保持着正常联系，并在国际乒联的支持下，于1961年4月4—14日主办了第26届世界乒乓球锦标赛。

在1979年中国恢复在国际奥委会中的合法席位之前，台湾地区以"中华民国"的名义连续参加了第16届至第19届夏季奥运会。1960年在罗马举行的第17届夏季奥运会上，中国台湾运动员杨传广获田径十项全能比赛银牌。这是中国运动员首次在奥运会上获得奖牌。1968年在墨西哥城举行的第19届夏季奥运会上，中国台湾女运动员纪政在女子80米栏比赛中，以10秒5的成绩平奥运会纪录，获得铜牌。这是中国女运动员首次获得奥运会奖牌。

（三）中国参加"新兴力量运动会"

1963年11月10日，第1届新兴力量运动会在雅加达举行。这是由印度尼西亚首倡的，由亚、非、拉各新兴国家参加并显示其团结和独立的运动会。48个国家和地区的2404名运动员参加了20个比赛项目的比赛。中国派出了由229名运动员组成的代表团参加这次运动会，并以66枚金牌、56枚银牌、46枚铜牌的成绩名列第一，还打破了举重和射箭两项世界纪录。这是中华人民共和国成立后第一次正式全面地参加国际综合性大型比赛。比赛显示了中国体育运动所取得的巨大进步，展示了中国运动员良好的精神面貌和比赛作风。

1966年11月，中国体育代表团参加了在柬埔寨金边举行的亚洲新兴力量运动会。亚洲17个国家和地区的2000多名运动员参加比赛。中国运动员共获得113枚金牌、59枚银牌和36枚铜牌，有2人2次打破世界纪录，44人65次打破51项亚运会纪录，再次展示了中国竞技体育的水平。

新兴力量运动会和亚洲新兴力量运动会的成功举办，标志着亚、非、拉新兴国家和各社会主义国家在世界体育舞台上占据越来越重要的地位。中国参加新兴力量运动会并取得不俗成绩，也显示了中国退出国际奥委会后在国际体育舞台上继续发挥积极影响和作用的决心与努力。

五、传统武术的改造与发展

1954年，国家体委民族形式体育研究会根据"武术"的价值特征、"国术"一名的由来及一般语言习惯，在全国统一使用"武术"一词。1955年，国家体委在训练竞赛四司下设武术科，之后又升格为武术处。1958年，中国武术协会正式成立，对推动武术运动发展、促进武术运动普及和技术水平提高起到重要的领导作用。

1956年4月28日，由国家体委颁布的《中华人民共和国运动竞赛制度的暂行规定（草案）》中，规定了在我国实施竞赛制度的运动项目共43个，武术位列其中。为了推动武术的发展，中国武术协会于1959年7月推出了《武术竞赛规则》。这套规则是以长拳（规定拳、自选拳）、长拳类短器械（刀、剑规定及自选）、长拳类长器械（枪、棍规定与自选）为主要内容制定的，对规范、统一长拳类套路起到了积极的推动作用。1960年，武术竞赛在长拳、太极拳的基础上，又增加南拳作为竞赛项目，从此，以长、太、南为格局的竞技武术套路竞赛体系得以形成。1963年，根据武术套路比赛的实际需要，又对《武术竞赛规则》进行了修订，并第一次规定套路比赛必须在1分45秒至2分30秒内完成。20世纪60年代初期，国家体委还明确地提出了"难度大、质量高、形象美"的竞技武术套路技术发展方向，竞技武术套路"高、难、美"的技术风貌逐渐形成。此外，中国武协还组织创编了甲、乙组武术套路，不但丰富完善了武术运动体系，而且为后来竞技武术套路体系的形成与发展奠定了良好的基础。

1955年，经一批老武术家研究提议，决定以杨式太极拳为基础创编"简化太极拳24式"，由李天骥执笔，并以他演练的动作拍摄照片，出版书籍和挂图。"简化太极拳"的创编因其简易性、普适性和良好的健身性，很快获得了社会和武术界的认可与好评。

传统武术规范化和标准化改造为武术进入学校体育课奠定了基础。在

1956 年教育部制定、颁布的《小学体育教学大纲（草案）》和《中学体育教学大纲（草案）》中包括了武术教学内容。从 20 世纪 50 年代中期开始，各体育院校和师范院校体育系（科）均开设了武术选修或专修课，有的还成立了武术代表队，为武术的发展培养了一批人才。

在国家体委的支持下，武术界也积极开展了对外交往。1956 年，国家体委委派著名老武术家顾留馨赴越南为胡志明主席授拳。1960 年，中国武术队随中国体育代表团赴捷克斯洛伐克参加该国的第 2 届全运会并进行表演。同年年底，周恩来总理访问缅甸，中国武术队跟随前往表演。武术逐渐成为中国对外交流的一张名片。

六、少数民族体育的传承与开展

20 世纪 50 年代中期，国家体委与国家民委及各级政府为了推动少数民族地区体育事业发展采取了很多措施。如在民族地区组织各类运动竞赛；收集整理各民族的传统体育活动；通过体育学院和各种形式的培训班培养少数民族体育人才；调拨了一定体育经费和运动器械支援少数民族地区；在少数民族地区修建体育场地等。国家体委和一些体育基础较好的省、市还先后抽调一批体育干部和教练员支援少数民族地区。如 1958 年，上海男女篮球队、天津男排和湖北足球队赴新疆各地与基层进行比赛和表演，一批教练员还留在新疆长期帮助当地的训练工作。在 1959 年举行的第 1 届全国运动会上，一些少数民族地区开展的摔跤、赛马、马球等项目被列为正式比赛项目，来自 13 个省、市、自治区的各族运动员参加了这些项目的比赛。

第三节　"文革"期间体育事业遭受挫折与"拨乱反正"

1966 年 5 月开始的"无产阶级文化大革命"（简称"文革"），使我国的体育事业遭到极其严重的挫折和破坏，至 1972 年后才逐渐有所恢复。在此期间著名的"乒乓外交"成为我国打破外交孤立状态的突破口。1976 年 10 月，打倒"四人帮"宣告了 10 年"文革"的结束。体育战线经过"拨乱反正"，体育工作走上正轨。1978 年党的十一届三中全会的召开标志着中国进入了伟大的改革开放时代。1979 年 10 月，国际奥委会通过《名古屋决议》，中国重返国际奥林匹克大家庭，成为中国体育全面走向世界和实现腾飞的新起点。

一、"文革"期间体育事业遭遇严重挫折

1966 年 5 月"文化大革命"开始以后，体育系统受到严重冲击，不能正常开展工作，整个体育事业几乎陷入"瘫痪"。学校体育在所谓的"停课闹革命""教育革命"中停止正常教学活动。专业运动员停止了正常的训练，群众体育活动也几乎消失，直到 1972 年以后，这种情况才得到部分扭转。

学校体育是"文革"的重灾区。"文革"开始后，在"停课闹革命"口号下，正常的教学秩序被完全打乱。"大串联"与随后在全国各地出现的"武斗"更使大中学均陷入瘫痪停课状态。这种情况直到 1979 年下半年才得到一定扭转，各地中小学开始"复课闹革命"。但在当时极"左"思潮影响下，体育课为所谓的"军体课"甚至"劳动课"所代替。其内容主要有队列操练、投手榴弹、练刺杀、模仿部队进行"长途拉练"等。球类、田径、体操和游泳等体育课内容退居次要地位甚至完全取消。这类"体育课"完全失去了科学性与趣味性，基本失去了体育课的意义。

1972 年以后，社会秩序开始逐渐稳定，体育系统也逐渐恢复运行。部分城市的业余体校开始招生，传统体育项目学校开始恢复业余训练，很多城市与地区恢复举办田径、体操、篮球、足球、排球、乒乓球等项目的青少年比赛。1973 年，"第 1 届全国中学生运动会"在长春举行。这标志着全国中小学的学校体育教育和课外业余训练活动步入正轨。从 1973 年始，自"文革"停招的各大体育院校招收"工农兵学员"。部分师范学院也开办了体育专业教师培训班，在一定程度上缓解了体育教师紧缺的突出矛盾。

"文革"使群众体育也受到严重影响。绝大多数机关和厂矿职工都卷入了政治运动之中，职工体育活动的组织管理体系被完全破坏，供职工从事体育锻炼和活动的场馆也大多被占用或关闭，职工体育基本陷于停滞。农村体

育同样出现严重倒退。一些农村开展的传统民间体育被列为"四旧"活动而遭到批判,而各类现代体育项目则因条件限制难以在广大农村普及。1972 年局势稳定后,城市和农村的体育活动在一定程度上恢复。在各大城市中,开展和观看职工篮球、排球、足球等赛事逐渐成为城市职工和民众生活的重要组成部分。很多县级城镇和大中型厂矿恢复和修整了运动场地,并在节日期间和工余期间举行各类运动会。从 1969 年至 1978 年,因大批由城市中学生组成的"知识青年"被"下放"到了农村尤其是边远地区,在客观上将各类体育活动带到了乡村。许多有一定特长的知青被聘为农村中小学的体育教师,有些县区和"公社"还组织以知青为主体的篮球、排球等项目比赛,这些都在一定程度上带动了农村体育的发展。

竞技体育领域也是"文革"中受到极"左"思想肆虐,遭到严重破坏的重灾区。从国家体委到各省市体委,一大批体育界的老领导同志和教练员、运动员遭到迫害,不少有经验的领导干部被迫离开工作岗位,以往行之有效的规章制度被废止,各地业余体校停止训练,国内国际重大竞技体育比赛被完全取消,不少省、市、自治区的专业运动队伍被解散,整个训练体系完全崩溃。仅有乒乓球等极少数项目从 1970 年后恢复了集训。1971 年 4 月,在日本名古屋举行的第 31 届世界乒乓球锦标赛期间,中国与美国开启了举世瞩目的"乒乓外交"。这一事件为国内竞技体育的复苏和发展提供了难得的契机。此后国家体委由军管状态重新回归国务院领导,一部分受打击迫害的老领导和业务骨干陆续回到原来岗位。虽然还受到极"左"思潮的各种干扰,但全国体育工作获得了一定复苏。1972 年,举行了"全国五项球类运动会"。这是自"文革"以来首次举办的国内大型运动会,标志着国内社会秩序的逐渐恢复和竞技体育重新起步。到 1974 年,全国业余体校已恢复到 1459 所。1975 年 9 月 12—28 日,在北京举行了第 3 届全运会,全国 31 个代表团共约 11300 多名运动员参加了比赛,4 人 6 次打破 3 项射击世界纪录,2 人 2 次平射击和射箭世界纪录,83 人 197 次打破 198 项全国纪录。这届全运会的举行,标志着中国体育已经基本回到正常发展轨道。

武术及民族传统体育,包括少数民族体育在"文革"中遭到严重摧残。

在极"左"思潮肆虐时期，武术及很多民族传统体育被当作"封建糟粕"遭到批判，很多民间武术家被作为"坏分子""封建余孽"遭到迫害，体育院系的武术系科被解散，很多珍贵的武术典籍和文献被烧毁。这种情况直到1972年以后才得到一定改善。

二、"乒乓外交"与重返亚洲体坛

"乒乓外交"（图9-6）是发生在"文革"后期的重大事件。这一事件改变了中国与美国长期敌对的不正常状态，也改变了世界政治和外交格局，使当时中国的国际孤立状态得到突破和改善，彰显了现代体育在国际政治、外交事务中的重要功能与价值。

图 9-6　"乒乓外交"

1971年3月，中国乒乓球代表团参加了在日本名古屋举行的第31届世乒赛。在这届运动会上，以中国运动员庄则栋与美国运动员科恩的接触交往为契机，最终促成了中国乒乓球代表团邀请美国乒乓球队访华。1971年4月

10 日，美国乒乓球代表团 15 人及 4 名记者在全世界的关注中抵达北京。这是中华人民共和国成立后首次来到中国的美国代表团。4 月 14 日，周恩来总理会见了包括美国在内的 5 个国家的乒乓球代表团。当日，美国尼克松总统发表了《五个对华政策新步骤》的申明，标志着美国政府实行长达 20 年的对华贸易禁令的解除。这一事件最终促进了 1972 年 2 月美国总统尼克松正式访华，与毛泽东主席和周恩来总理进行了会谈，签订了《中美联合公报》。1972 年 4 月，中国乒乓球代表团回访了美国，并受到尼克松总统的接见，全面为"乒乓外交"画上一个圆满的句号。

"乒乓外交"是 1949 年后中国体育史和外交史上的重大事件。这一事件以中美乒乓球队互访为形式，以两国政府的高层对话为实质，以体育方式解决了一项棘手而又具有全球效应的政治外交问题，是体育在促进世界和平、增进各国人民之间友谊和改善国际关系的典型例证。"乒乓外交"传递了中美两国领导人之间战略决策的重要信息，打破了两国之间远隔太平洋的坚冰，使中美两国跨越了没有交流的 20 多年，结束了两国相互隔绝的时代，标志着国际环境向新的方向发展的态势，也使大多数过去与中国存在矛盾和隔阂的国家不得不重新考虑对华政策，从而打破了中国的国际孤立局面，返回了国际舞台。

由于中美关系的改善，1971 年 10 月 25 日，第 26 届联合国大会以压倒性多数通过了恢复中华人民共和国合法席位的决议，这为恢复我国在国际体育组织中的合法席位创造了有利条件。从 1972 年起，我国陆续加入或重新返回国际赛艇联合会、亚洲运动联合会、国际划艇联合会等国际体育组织。1973 年在北京还举办了第 1 届亚非拉乒乓球友好邀请赛。

1973 年 11 月 16 日，亚洲运动联合理事会在伊朗德黑兰通过决议，确认中华全国体育总会在该组织的合法权利，标志着中国重新返回了亚洲体坛。1974 年 9 月，第 7 届亚运会在伊朗德黑兰举行，中国派出了由 269 名运动员组成的大型体育代表团，参加了 14 个项目的比赛。中国运动员在比赛中打破了 1 项世界纪录、18 项亚运会纪录、22 项全国纪录，共夺得 33 枚金牌、64 枚银牌、27 枚铜牌，团体总分名列第三位。这是自"文革"以来中国首次参加国际重大综合性赛事，在世界体坛产生了极大影响。此后，中国还于 1974 年参加了第 1 届世界中学生运动会，取得了 33 枚金牌的好成绩。

随着"文革"后期武术运动的恢复，中国武术代表队成为继乒乓球队、体操队之后于中美正式建交前访美的第三支代表队。1974 年 6 月 21 日—7 月 15 日，中国武术代表团访问了美国，先后在夏威夷、旧金山、纽约、华盛顿进行了 16 场表演。7 月 12 日下午，尼克松在基辛格的陪同下在白宫玫瑰园会见了中国武术代表团成员。1974 年 6 月 5—21 日，中国武术代表团还访问了墨西哥。

三、体育领域"拨乱反正"

1976 年 10 月，党中央一举粉碎了在"文革"中作恶多端的"四人帮"。这一重大事件标志着 10 年"文革"的结束。中国从此告别了动乱岁月，进入了一个新时代。1977 年 2 月，中央任命王猛担任国家体委主任。1978 年 1 月，国家体委在北京召开了全国体育工作会议，对"文革"前 17 年的体育工作进行了重新肯定与总结，把"文革"中颠倒的历史进行了修正。此后，全国县级以上的各级体委、全国体育总会、地方性分会、单项运动协会等社会体育组织全面恢复，平反冤假错案的工作在整个体育领域逐渐全面展开，对在"文革"中受到迫害的领导干部、教练员、运动员、体育教师和管理人员进行平反。容国团等被迫害致死的体育人士得到昭雪，恢复了名誉。对被审查的干部进行了认真的复查，解放了一大批干部。在党中央的领导下，基本完成了体育系统的拨乱反正工作，为下一阶段中国体育的腾飞奠定了基础。

问题与思考

1. 中华人民共和国成立后的体育方针是什么？其体育管理制度是如何形成的？

2. 中国竞技体育体制包括哪些内容？其特点是什么？

3. 中华人民共和国成立后群众体育是如何发展的？

4. 什么是"乒乓外交"？其意义和影响是什么？

 拓展阅读书目

1. 崔乐泉. 中国体育通史 ［M］. 北京：人民体育出版社，2008.

2. 郝勤，潘华，崔莉. 中国与奥林匹克运动 ［M］. 北京：人民体育出版社，2011.

3. 伍绍祖. 中华人民共和国体育史：1949—1998（综合卷）［M］. 北京：中国书籍出版社，1999.

[名师讲堂]

乒乓外交

体育史

第十章

改革开放以来中国体育的全面发展

1978 年 12 月 18—22 日，中国共产党召开了具有历史性意义的十一届三中全会。全会决定把党的工作重点转移到社会主义现代化建设上来，并提出了中国实行改革与对外开放的基本国策，从而为我国体育事业的发展指明了前进的方向。改革开放初期，鉴于中国综合国力及形势要求，中国体育实施了重点发展竞技体育的方针。从 20 世纪 80 年代开始，我国在包括奥运会在内的国际大赛中取得了辉煌成就。20 世纪 90 年代，在党中央的领导下，中国体育实施了一系列重大改革举措，为中国体育在新的历史时期发展夯实了基础。进入 21 世纪后，2008 年北京奥运会的成功举办，中国体育实现了全面发展，取得了举世公认的巨大成就。北京奥运会后，中国体育以全面建设体育强国为目标，走向更加辉煌的新时代。

第一节　中国竞技体育的腾飞

20 世纪 80 年代，中国体育健儿在国际赛场上取得的优异成绩，尤其是在洛杉矶奥运会上一举实现金牌"零"的突破和成功举办北京亚运会，极大地激发了全国人民的爱国主义热情，振奋了民族精神，提高了民族凝聚力，成为进入改革开放初期鼓舞中国人民走向现代化的号角与旗帜。

一、"奥运模式"与中国重返国际奥林匹克大家庭

1971 年 10 月 25 日，联合国大会通过了恢复中国在联合国合法席位的决议案。国际环境的改变，为解决中国在国际奥委会合法席位问题创造了前提。1978 年 10 月 5 日，在国际体育事务中影响巨大的国际业余田径联合会恢复中国在该会的合法席位。至此，国际上大多数单项体育组织都恢复了中国的合法席位。同年 12 月 16 日，中国和美国正式建立外交关系，为中国恢复在国际奥委会中的合法席位扫除了最后的障碍。

解决中国在国际奥委会席位问题的关键是台湾问题。1979 年元旦，全国人民代表大会常委会发表《告台湾同胞书》，提出尊重台湾的现状，实现和平统一祖国的大政方针。根据邓小平"一国两制"的构想和《告台湾同胞书》精神，中央批准了在国际组织问题上对台湾的新方针：在一些非政府性国际机构中，除了全国性席位由我有关部门机构占有外，根据有关国际组织章程的不同规定，可以允许台湾非政府机构作为我国有关机构的分支参加，或允许其作为非全国性机构参加。根据这一方针，国家体委提出了"在坚持一个中国的前提下，允许台湾作为中国的一个地区，在改名、改旗、改徽之后，可以留在国际体育组织中"的设想，并得到中共中央的批准。这就是后来所说的"奥运模式"。

1979 年 10 月 25 日，国际奥委会执委会在日本名古屋举行会议，一致通过了恢复中国在国际奥委会合法席位的决议。根据这一决议，确认代表全中

国奥林匹克运动的是中华人民共和国的奥委会，正式名称为"中国奥林匹克委员会"，会址北京，使用中华人民共和国的国旗和国歌；台湾地区的奥委会正式名称为"中国台北奥林匹克委员会"，会址台北，不得使用原来的旗、歌和徽记，其新的旗、歌和会徽须经国际奥委会执委会批准。这就是具有划时代意义的《名古屋决议》。

1979年11月26日，国际奥委会领导人在瑞士洛桑正式宣布，经过国际奥委会全体委员通讯表决，以62票赞成、17票反对、2票弃权的结果，批准了国际奥委会执委会在名古屋会议上通过的关于中国代表权问题的决议。1979年11月27日，中国奥委会主席钟师统宣布，中国奥委会接受国际奥委会决议，并将参加1980年在莫斯科举行的奥运会。至此，中国在国际奥委会合法席位最终得到恢复，中国与国际奥委会的正常联系终于恢复。占世界四分之一人口的中国人民对奥林匹克运动的积极参与，极大地提高了这一运动的代表性与普及性。中国重新回到国际奥委会和世界体育大家庭，成为中国体育全面走向世界和实现腾飞的新起点。

二、中国体育崛起与奥运会金牌"零"的突破

1979年中国回到奥林匹克大家庭后，国家体委及时确定了"侧重抓提高"的方针，采取各种措施提高运动水平，于20世纪80年代初取得了显著成效，最终在1984年洛杉矶奥运会上获得举世瞩目的巨大成功。

1981年4月14—26日，在南斯拉夫举行的第36届世界乒乓球锦标赛上，中国运动员囊括了全部7个冠军，创造了世界乒乓球赛55年历史上的奇迹，在世界乒坛上引起轰动。

1981年3月20日，中国男排在争夺世界杯排球锦标赛亚洲区预选赛的关键一战中，先输后赢，以3∶2力克劲敌南朝鲜队获得出线权，赛后大学生们自发上街庆祝，喊出了"团结起来，振兴中华"的口号，在全国激起了强烈的反响与共鸣。

1981年，第3届世界杯女子排球赛在日本举行。中国女排首次勇夺世界大赛冠军。此后，中国女排在一系列大赛中夺冠，取得了"五连冠"的优异

成绩，"女排精神"也由此成为中国体育的一面旗帜。

1982年，在第9届亚运会上，中国运动员获得61枚金牌，首次实现在亚运会上金牌总数与奖牌总数双第一。从此，中国成为亚洲公认的竞技体育强国。

1982年10月18日，中国足球队在冲击第12届世界杯足球赛亚洲区出线权的比赛中，以3∶0战胜强敌科威特。虽然在附加赛中败给新西兰未能进入决赛，"只差一步到罗马"，但中国队在比赛中的优异表现在全国引起了极大反响。

中国运动员取得的上述成绩，经当时刚进入中国社会和家庭的电视转播，成为20世纪80年代进入改革开放初期最激励人心的事件。体育在这一时期成为激发全国人民团结一致建设"四个现代化"的强大动力。

中国恢复国际奥委会合法席位后，在奥运会这一世界体育最高舞台上获取优异成绩成为中国体育界的主要任务与奋斗目标。1980年2月13日，第13届冬奥会在美国普莱西德湖举行。中国代表团派出28名运动员参加。由于当时中国冰雪运动水平较低，中国运动员没有取得较好成绩。但这是国际奥委会于1979年11月恢复中国奥委会合法地位后，中国首次派队参加奥运会比赛。1980年，第22届夏季奥运会在莫斯科举行。由于此前发生了苏联入侵阿富汗的事件，中国和世界上很多国家一道抵制了这届奥运会，没有派运动员参加。1984年2月8—19日，第14届冬季奥运会在南斯拉夫萨拉热窝举行。中国派出37名选手参加了5个项目的比赛。虽然未能取得好成绩，但此届冬奥会中华台北队也派出14名运动员参赛，实现了海峡两岸中国选手首次共同参加奥运会，这对促进两岸关系发展具有重要意义。

1984年7月28日—8月12日，第23届奥运会（图10-1）在美国洛杉矶举行。这是中国恢复国际奥委会合法席位后首次正式参加夏季奥运会，引起了全世界的瞩目。中国派出了353人的代表团参加此届奥运会，其中，运动员225人。中国运动员在比赛中表现了高尚的体育道德风貌和顽强的拼搏精神，取得15枚金牌、8枚银牌和9枚铜牌的优异成绩，在有140个参赛国家和地区的角逐中，金牌总数名列第四，极大振奋了中国人民及海外华人的志气，提高了中国体育的地位。其中，中国射击运动员许海峰（图 10-2）获得此届奥运会的第 1 枚金牌，实现了我国自 1932 年参加奥运会以来奥运金牌"零"的突破，成为中国体育史上的划时代事件与里程碑。

图 10-1　参加洛杉矶奥运会

图 10-2　许海峰实现奥运金牌"零"的突破

　　洛杉矶奥运会是我国竞技体育发展与奥运会征程的历史起点与里程碑。此后，中国运动员成为奥运会上不可忽视的力量。虽然在 1988 年 2 月于加拿大卡尔加里举行的第 15 届冬季奥运会和同年 9 月在韩国汉城（首尔）举办的第 24 届夏季奥运会上成绩不理想，但中国体育的强劲发展已经势不可当。

1992 年 7 月，在西班牙巴塞罗那举行的第 25 届奥运会上，中国运动员一举勇夺 16 枚金牌、22 枚银牌和 16 枚铜牌，宣告中国已经走出了上届夏奥会"兵败汉城"的阴影。

三、中国首次成功举办大型综合性国际赛事

在奥运赛场上取得辉煌成就后，中国体育开始向着举办国际大型综合性运动会的目标迈进。

在中国举办大型综合性运动会，是中国人民长期的心愿，也是对举办国家和城市综合实力的巨大挑战与考验。1990 年 9 月 22 日—10 月 7 日，第 11 届亚运会（图 10-3）在北京举行。这是我国首次举办综合性大型国际赛事。在这届亚运会上，中国派出 670 名运动员参加了全部 27 个项目的比赛，共获得金牌 183 枚、银牌 107 枚，铜牌 51 枚，并创世界纪录 1 次、亚洲纪录 30 次，创亚运会纪录 91 次。此次亚运会的举办，在竞赛组织系统、新闻宣传系统、涉外工作系统和支持保障系统等方面都达到了很高水平。通过此届亚运会，北京市在市政建设、交通、通讯、环境保护等各个方面都产生了巨大的变化，同时为我国举办类似大型国际赛事积累了宝贵经验，从而为北京申办奥运会奠定了基础。

图 10-3　成功举办北京亚运会

第二节　体育改革与职业化探索

在"普及与提高相结合，侧重抓提高"方针指导下，20 世纪 80 年代，凭借社会主义制度的优势，我国竞技运动水平迅速提高，在国际重大赛场上取得了优异成绩，成为这一时期中国改革开放的最引人瞩目的亮点。与此同时，在党中央领导下，中国体育也不断反思前进中的问题，努力通过改革来促进发展，并制定和颁发了一系列体育改革的文件与措施。1986 年 4 月，国家体委下发了《关于体育体制改革的决定（草案）》。但是，随着中国改革开放的不断深化，尤其是在 1992 年邓小平南方谈话和党的十四大精神指引下，中国体育迎来了一轮更为深入的改革浪潮。

一、"一法三纲"的颁布实施与成就

（一）《中华人民共和国体育法》

改革开放以来，随着我国体育事业的发展，原有的依靠行政指令来管理中国体育事务和处理日益复杂的各种问题的模式已经不能适应发展的要求。进入 20 世纪 90 年代后，制订《中华人民共和国体育法》成为体育界上下的共识和迫切要求。1995 年 8 月 29 日，第八届全国人大常委会第 15 次会议上全票通过《中华人民共和国体育法》（以下简称《体育法》），并于 1995 年 10 月 1 日开始实施。我国首部《体育法》的颁布是中国体育发展史上的里程碑，标志着中国体育发展从此纳入法制化轨道，进入了依法治体的新阶段。

1995 年《体育法》颁布实施后，根据 2009 年 8 月 27 日第十一届全国人民代表大会常务委员会第十次会议《关于修改部分法律的决定》进行了第一次修正；根据 2016 年 11 月 7 日第十二届全国人民代表大会常务委员会第二十四次会议《关于修改〈中华人民共和国对外贸易法〉等十二部法律的决定》进行了第二次修正。2022 年 6 月 24 日，第十三届全国人民代表大会常务委员会第三十五次会议修订了《体育法》，新《体育法》自 2023 年 1 月 1

日起施行。修订后的《体育法》新增了"体育产业""体育仲裁""反兴奋剂""监督管理"四章,对"青少年和学校体育""全民健身""竞技体育"等做了重大修改。修订后的《体育法》成为推进体育强国建设的法律基本保障。新《体育法》具体内容详见二维码。

新《体育法》

（二）《全民健身计划纲要》

改革开放以来,党和政府高度重视群众体育,把人民身体健康视为头等大事。1993 年 5 月,国家体委颁发了《国家体委关于深化体育改革的意见》及 5 个附件,提出了制订全民健身计划的要求。1995 年 6 月 20 日,国务院正式颁布了《全民健身计划纲要》。全民健身计划是一项中华民族体质建设的宏伟规划,是国家支持、全民参与、依托社会的跨世纪的系统工程。《全民健身计划纲要》的颁布实施,反映了党和国家全心全意为人民服务的根本宗旨,集中表达了全国各族人民增强体质、提高生活质量的共同愿望,有力地促进了我国群众体育的普及和发展。为保证全民健身工作的持续开展,《全民健身计划纲要》成为国务院持续颁布的群众体育工作指导性文件。

（三）《奥运争光计划纲要》

1995 年 7 月 6 日,为了在新的形势下推动竞技运动的发展,国家体委制订颁发了《奥运争光计划纲要（1994—2000 年）》（以下简称《纲要》）。该《纲要》共分五个部分,分别阐述了我国竞技体育面临的形势和任务,"争光计划"的目标和实施指导原则、主要措施及步骤方法等。《纲要》的颁布实施使"在奥运会等重大国际比赛中夺取优异成绩,为国争光"的竞技体育发展目标进一步明确,为 20 世纪 90 年代后我国竞技体育的快速发展起到了重要的指导作用。此后《纲要》在不同时间节点均有颁布,成为中国竞技体育发展的重要战略指导规划。

（四）《体育产业发展纲要》

1995 年 6 月 16 日,国家体委下发了《体育产业发展纲要（1995—2010

年）》（以下简称《纲要》）。《纲要》提出，要争取用 15 年左右的时间，逐步建成适合社会主义市场经济体制、符合现代体育运动规律、门类齐全、结构合理、规范发展的体育产业体系。为了实现这一目标，《纲要》还提出了具体目标与措施。《纲要》是我国第一部专门为促进体育产业发展制定的文件。制定和颁发这一《纲要》的目的是适应社会主义市场经济体制的需要，推进体育改革、转换机制，增强自我发展能力，拓展体育事业发展的经费渠道；满足随着小康生活水平的提高，社会日益增长的体育需求。《纲要》对增强体育事业发展活力、推动我国体育产业的兴起和发展起到不可低估的重要作用。

"一法三纲"的颁布与实施，是我国改革开放以来体育改革的重大成果，对我国体育改革发展具有重大意义，并产生了深远影响。"一法三纲"的出台使我国体育发展有法可依、全民健身与竞技体育协调发展，为我国体育产业的发展提供了强大的动力。

在《奥运争光计划纲要》指导下，中国在奥运会上取得了一届比一届更大的成就。1996 年 7 月于美国亚特兰大举行的第 26 届夏季奥运会上，中国运动员夺得金牌 16 枚、银牌 22 枚、铜牌 12 枚，其中，香港运动员李丽珊夺得帆板冠军，实现了香港在奥运会上金牌"零"的突破，从而结束了香港奥运会金牌为零的历史。1998 年 2 月在日本长野举行的第 18 届冬季奥运会上，中国选手夺得银牌 6 枚、铜牌 2 枚。2000 年 9 月于澳大利亚悉尼举行的第 27 届夏季奥运会上，中国运动员夺取金牌 28 枚、银牌 16 枚、铜牌 15 枚，在金牌榜上和奖牌榜上均仅次于美国和俄罗斯名列第三位。2002 年于美国盐湖城举行的第 19 届冬奥会上，中国运动员杨扬在女子短道速滑 500 米和 1000 米比赛中，连夺两枚金牌，实现了中国运动员在冬季奥运会上金牌"零"的突破。2004 年 8 月于希腊雅典举行的第 28 届夏季奥运会上，中国运动员取得金牌 32 枚、银牌 17 枚、铜牌 14 枚，金牌数位列此届奥运会金牌总数第二。此届奥运会上中国台湾选手陈诗欣夺得跆拳道女子 49 公斤级金牌，朱木炎夺得跆拳道男子 58 公斤级金牌。2006 年在意大利都灵举行的第 20 届冬奥会上，中国代表团取得了金牌 2 枚、银牌 4 枚、铜牌 5 枚的成绩，获得了冬奥会男子项目和我国雪上项目运动成绩的首枚金牌。

1995 年 6 月《全民健身计划纲要》的颁布与实施，有力地推动了中国大众体育和群众健身活动的发展，促进了中国竞技体育与大众体育的协调发展，中国的体育发展格局开始发生深刻变化，以单位和系统为主体的"群众体育"开始向以政府指导、体育社团组织和全民参与的"大众体育"转变。此后，在《全面健身计划纲要》指导下，全国各级政府都把推动和开展全民健身作为重要的工作来抓，为公众修建和提供的全民健身场馆设施开始出现在社区乡镇街头，各类体育社团和组织如雨后春笋般出现，全民健身活动在全国各地的市区县甚至社区乡镇如火如荼地开展起来，呈现出前所未有的蓬勃发展态势。

《体育产业发展纲要》颁发后，通过体育系统与地方政府合作，有力地促进了以三票（门票、彩票、股票）、三会（博览会、基金会、体育协会）、三开（开放、开发、开拓）为标志的重要成果，中国的体育产业开始起航。至 20 世纪末，我国的体育产业初步成型，开始形成包括竞赛表演市场、健身娱乐市场、体育用品市场、体育无形资产市场、技术培训与咨询市场、体育旅游市场等在内的产业体系。

二、竞技体育职业化改革的探索

1992 年初，邓小平同志视察南方重要讲话和同年 10 月党的十四大的召开，为中国体育改革的深化指明了方向，提供了强大的动力。

1992 年 6 月，在北京郊区红山口召开了全国足球工作会议，史称"红山口会议"。会议上围绕中国足球是否和能否实行职业化改革问题进行了热烈的讨论。会议在邓小平同志南方谈话和中央精神指导下，最后确定了以足协实体化、组建国内职业联赛和成立职业俱乐部为中心的足球改革构想。1992 年 11 月，全国体委主任座谈会在广东中山召开，史称"中山会议"。会议在邓小平同志南方谈话和党的十四大报告精神指引下，深入探讨了全面深化体育改革问题。

这两次会议对于 20 世纪 90 年代后中国体育的发展走向具有重大意义，产生了十分深远的影响。改革开放以来，我国竞技体育依靠"举国体制"取得了巨大成就。但在新的社会主义市场经济体制下，以往计划经济体制下形成的高度集中的体育管理体制已不适应新形势下体育发展的要求。中国体育必须通过改革逐步建立与社会主义市场经济相适应、符合现代体育运动规律的体育管理体制和运行机制，才能使中国体育实现可持续的良性发展。从1993年4月起，国家体委连续下发了《国家体委关于深化体育改革的意见》《关于运动项目管理实施协会制的若干意见》《关于训练体制改革》《关于竞赛体制改革》《关于群众体育改革》《关于培育体育市场、加速体育产业化进程的意见》等一系列文件及附件，确定了以转变运行机制为核心、"面向市场，走向市场，以产业化为方向"的改革发展思路。

1994年4月17日，万宝路杯全国足球甲级联赛（简称足球甲A联赛）（图10-4）在成都正式揭幕。这成为中国体育市场化、职业化改革的里程碑。联赛首次采取了俱乐部制与主客场制。中央电视台出资1000万元购买了联赛的转播权。联赛开赛后在全国球迷中产生了巨大反响，在招商引资、商业赞助等方面也获得了成功。1994年开赛以来，到现场观看比赛的观众就达到217.6万人次，平均每场近两万人。1995年，到场观看比赛的人数猛增至314万，1996年又增至320.85万人，场均观众达2.43万人。职业联赛的火爆，反映了市场化改革的巨大威力与影响。足球不仅成了城市名片，而且培养出一个巨大的足球球迷群体，成为人民群众生活和娱乐的重要内容。此后，篮球、排球、乒乓球、围棋等项目也先后进行了市场化、职业化改革尝试。

图 10-4　金牌球市

但是，中国竞技体育职业化改革的道路不会一帆风顺。由于市场化条件不足，中国足球是在原有体制上，在很短时间内转轨的，因而在其发展过程中也出现了一系列问题。如官方性质的足协如何适应和驾驭市场化环境，联赛组织水平不高、裁判水平较低，甚至出现黑哨假球和行贿受贿等违法现象，严重毒化了联赛的风气，引起广大球迷和媒体的不满，球市也因此受到严重影响。2002 年日韩世界杯上，虽然中国足球队首次进入了决赛，但在决赛中未进一球、未胜一场。之后，虽然有关方面对包括足协在内的中国足球进行了整顿，打击了联赛中的违法犯罪行为，但总的来说，中国足球再也未能回到联赛初的盛况。

中国足球改革的曲折经历为中国体育改革提供了难能可贵的经验和教训。它说明，中国的体育改革是一个长期的过程，不可能一蹴而就。由于国情不同，中国的体育改革不能照搬国外，也不能忽视职业体育自身的普遍规律与要求。如何在社会主义市场经济条件下走出中国自己的体育职业化、市场化道路，是中国体育改革长期而艰苦的任务。

三、学校体育的改革与开展

改革开放以来，党中央和各级政府高度重视以中小学校为主的学校体育与青少年体质健康。1979 年，教育部、国家体委、共青团中央联合在江苏扬州举办了全国体育卫生工作会议（史称"扬州会议"），将"增强学生体质"作为学校体育的根本任务。1982 年，教育部联合国家体委等部门颁布了《国家体育锻炼标准》。1983 年，国家体委下发了《关于进一步加强学校体育的意见》，对学校体育卫生工作的目标、要求、措施作了具体的规定。1987年，国家教委颁布了《中学生体育合格标准的试行办法》。1989 年，国家教委、国家体委等部门联合发布了《学校体育工作条例》和《学校体育卫生工作条例》，对学校体育工作的方针、原则、内容和任务，体育教学，课外体育活动，课余体育训练与竞赛，体育教师，学校体育场地、器材、设备和经费，以及学校体育组织机构和管理等方面作出了规定。上述有关文件与举措对改革开放初期的学校体育走上正轨起到了重要作用。

党的十四大以后，学校体育工作进一步受到关注和重视。1995年颁布的《中华人民共和国体育法》中明确规定："学校必须开设体育课，并将体育课列为考核学生学业成绩的科目；学校必须实施国家体育锻炼标准，对学生在校期间每天用于体育活动的时间给予保证；学校应当按照国家有关规定，配备合格的体育教师，保障体育教师享受与其工作特点有关的待遇"。同年，国务院颁布了《全民健身计划纲要》，指出："全民健身计划以全国人民为实施对象，以青少年和儿童为重点，各级各类学校要全面贯彻党的教育方针，努力做好学校体育工作。要对学生进行终身体育的教育，培养学生体育锻炼的意识、技能与习惯"。1999年，中共中央、国务院颁布了《关于深化教育改革全面推进素质教育的决定》，提出："实施素质教育，必须把德育、智育、体育、美育等统一在教育活动各个环节中。学校教育要树立健康第一指导思想，切实加强体育工作，使学生掌握基本运动技能，养成锻炼身体的良好习惯"。该决定一方面强化了学校体育在素质教育中的重要地位，另一方面也为新世纪的学校体育课程改革指明了方向。

四、武术与民族传统体育文化的改革发展

改革开放以来，我国民族传统体育的保护与发展工作得到进一步加强。武术管理和竞技体制进一步完善，大众武术与武术产业化加快发展，武术的国际化传播取得长足进步；少数民族与传统体育类非物质文化遗产保护进入规范化、法治化发展阶段，在弘扬民族传统文化、增进民族团结方面发挥着越来越重要的作用。

1979年，国家体委发出了《关于发掘、整理武术遗产的通知》，并于同年5月在广西南宁召开了第1届全国武术观摩交流大会，传统武术的挖整工作拉开序幕。1983年，国家体委正式成立武术挖掘整理小组，组织全国8000余名武术工作者进行了全国范围内的武术发掘整理工作。持续了近3年的发掘整理工作，全国各地共整理出"源流有序、拳理明晰、自成体系"的拳种129个，编写各种拳术理论、技术与传播、发展的典籍达651万字，录制70岁以上老拳师拳艺录像达394.5小时，收集有关文物记载资料482册，古兵

器 392 件，珍贵历史文物 29 件。这次大规模的武术发掘整理工作对武术运动的当代发展产生了重要的影响。

1982 年 11 月，全国首次武术工作会议在北京召开。会议总结了中华人民共和国成立以来武术工作的经验与教训，制定了新的历史时期发展武术运动的政策和任务，提出了"要积极、稳步地把武术推向世界"。1986 年，国家武术研究院成立，徐才同志任首任院长。1987 年 9 月，国家体委武术处合并到武术研究院，统一管理全国的武术工作和对外推广工作。1990 年 4 月，国家体委印发《关于中国武术协会实体化的通知》。1994 年 5 月，国家体委增设了武术运动管理中心。由此，形成了中国武术协会、中国武术研究院和武术运动管理中心组成的全国武术管理的组织体系。与此同时，全国各地方的武术协会逐步建立，形成了一个上下衔接、左右联系的全国性组织系统，对武术运动的发展起到了有力的保障作用。

自 20 世纪 80 年代以来，群众性的武术活动得到进一步发展。武术受到越来越多人的喜爱，各种形式的武术馆、校、站等相继成立，成为开展武术活动的基地。为了推动群众性武术活动的进一步发展，国家体委在全国开展了"千名武术优秀辅导员"评选活动。1984 年，在北京召开"千名优秀武术辅导员表彰奖励大会"，这一活动调动了广大社会武术工作者的积极性。1991 年初，国家体委决定在全国范围内开展评选"武术之乡"的活动，在各地引起强烈反响，随之掀起了争创"武术之乡"的高潮。

武术在学校体育教学中进一步受到重视。1977 年我国高考恢复后，教育部开始不断调整专业，重新编定了体育相关专业目录，其中武术专业得到保留和发展。在学科建设方面，1997 年民族传统体育被确定为体育学一级学科下的四个二级学科之一。1978 年开始，国家教委颁布的有关中小学体育教学大纲，明确要求各级教材都要包含武术等传统体育的教学内容。2000 年颁布的中小学《体育与健康教学大纲》，武术被列为必修内容。2004 年，教育部就高等院校的武术教学提出"淡化套路、突出方法、强调应用"的习练方针，对改善其教学方法起到重要影响。

改革开放以前，武术竞赛基本上是以套路为主的单一竞赛形式。1979 年

3 月，国家体委决定将散手列为试验项目。1982 年初步形成散手竞赛规则后，在北京举行首届"全国武术对抗项目表演赛"。经过七届表演赛的实验，1989 年国家体委颁布《武术散手竞赛规则》，并开始正式举办"全国武术散手擂台赛"。1990 年又颁布《武术散手运动员技术等级标准》，标志着一个以武术套路及武术散手竞赛为基本框架的新的全国武术竞赛制度的产生。1987 年，国家体委发布《关于加强武术工作的决定》，提出"进一步改进和完善竞赛制度、充分发挥竞赛的杠杆作用"。到 20 世纪 90 年代，形成了包括全国武术套路、散打锦标赛，全国武术套路、散打冠军赛、全国太极拳锦标赛、全国传统武术套路冠军赛、全国武术散打职业联赛等的完善的武术竞赛体系。此外，在全运会中武术一直都是正式比赛项目之一，特别是第一个《奥运争光计划纲要》于 1995 年出台后，全运会从第 8 届开始围绕奥运会设项，武术成为唯一的"非奥"项目，体现出武术在中国体育的特殊位置。

2005 年 3 月 26 日，国务院办公厅发出《关于加强我国非物质文化遗产保护工作的意见》，明确提出要建立我国非物质文化遗产名录代表体系，武术作为传统体育类非物质文化遗产受到了高度重视。2006 年，国务院公布第一批国家级非物质文化遗产名录中即有少林功夫、武当武术、沧州武术、太极拳（杨氏太极拳、陈氏太极拳）、回族重刀、邢台梅花拳等传统武术项目入选。

改革开放以来，武术的国际推广也取得重要成果。1985 年 8 月，在西安举行的第 1 届国际武术邀请赛期间，国际武术联合会筹备委员会宣布正式成立。此后，世界各大洲的武术组织纷纷成立。1987 年 9 月 25 日，亚洲武术联合会在日本横滨正式成立。1990 年第 11 届亚洲运动会上，武术被列为正式比赛项目。1990 年 10 月，国际武术联合会在北京正式成立。1994 年 10 月，国际武联被世界单项体育联合会正式接纳入会。1991 年，国际武术联合会世界武术锦标赛在中国北京举行，其后每两年举办一次，吸引了 100 多个国家和地区参与。

改革开放以来，少数民族体育受到重视。1981 年 9 月，召开了全国少数民族传统体育工作座谈会。其后，国务院批准全国少数民族传统体育运动会由国家民族事业委员会和国家体育运动委员会主办，由地方承办，每四年举行一次。同时又把 1953 年在天津举行的"全国民族体育表演及竞赛大会"追定为第 1 届全国少数民族传统体育运动会。1986 年的第 3 届民族运动会首次启用了会徽、会旗、会标，这标志着民族运动会逐步走向正规化。这届民族运动会正式确定了民运会设项分竞赛和表演两大类，共设 7 个竞赛项目和 115 个表演项目。第 4 届民运会不仅增加了赛龙舟等经过规范化、科学化之后的项目，而且还制订了较为科学系统的总规程、竞赛项目规程和规则、表演项目评判方法，使民族运动会向着规范化的轨道迈进了一大步。

第三节　中国成功举办 2008 年北京奥运会

2008 年，第 29 届夏季奥运会在北京成功举行。这是中华民族的百年心愿，也是中国体育发展划时代的里程碑。在北京奥运会的申办、筹办和举办过程中，全国人民在党中央的领导下付出了巨大努力，使北京奥运会成为奥运历史上"无与伦比"的奥运会。

一、两次申办奥运会

1990 年，中国成功举办了第 11 届亚运会，这使中国人民举办奥运愿望更加强烈。在进行了多方面的研究和充分酝酿后，经国务院批准，北京市决定申办 2000 年夏季奥运会。1991 年 12 月 4 日，北京向中国奥委会提交了北京承办 2000 年夏季奥运会的申请书。"开放的中国盼奥运"成为第一次申奥的口号。遗憾的是，1993 年 9 月 23 日，在蒙特卡洛举行的国际奥委会第 101 次全会上，北京以两票之差未能获得 2000 年第 27 届夏季奥运会的举办权。

尽管首次申奥出师不利，但是中国和北京向国际社会表达了举办奥运会的热切期望。此后，中国先后举办了多项大型国际体育赛事，如 1993 年上海的首届东亚运动会、2001 年北京的第 21 届世界大学生运动会等。这些国际高水平赛事的举办使中国积累了更多的经验，也使世界更加了解中国。

1999 年 4 月 6 日，北京市向国际奥委会正式递交了北京市主办 2008 年夏季奥运会的申请书，并提出"新北京、新奥运"的响亮口号。2001 年 7 月 13 日上午，国际奥委会第 112 次全会在莫斯科举行，决定 2008 年奥运会会址。最终经过两轮投票，国际奥委会主席萨马兰奇宣布：北京获得 2008 年第 29 届夏季奥运会举办权。

北京第二次申奥之所以能够成功，其根本原因是改革开放带来的中国社会的巨大变化和快速发展。经过 20 多年的改革开放，中国是世界上发展最快的国家之一。我国社会主义市场经济体制已基本建立，全方位对外开放格局已基本形成。中国综合实力的提升与社会进步为中国举办奥运会创造了必要的基础与条件。

二、成功举办北京奥运会

北京奥运会申办成功以后，党中央、国务院和北京市政府高度重视奥运会的筹备工作。在全国人民大力支持下，北京奥运会的各项筹办工作以"有特色，高水平"为目标，以"人文奥运、科技奥运、绿色奥运"为理念，扎实进行各项准备工作，进行了大规模的城市改造，完善了交通和通信设施，修建了以"鸟巢""水立方"等为代表的主场馆中心，以及高档次的运动员村、新闻中心等，为奥运会的举办提供了完美的高标准基础设施与条件。

在北京奥运会的筹办期间，为了动员全国人民参与奥运，国家体育总局和北京奥组委提出了"全民健身与奥运同行"的口号，通过在全国举行奥运火炬传递活动和大规模长跑活动及登长城等活动，在北京乃至全国掀起了持续的全民健身高潮。截至 2007 年底，全国各地共修建全民健身工程 87000 项，建全民健身路径 30000 多条，全民健身中心 106 个。2007—2008 年，国家体育总局推出 150 项大型全民健身活动。北京奥运会真正起到了推动和促进中国人民参与体育、热爱体育、享受体育的热情。

2008 年 8 月 8—24 日，第 29 届夏季奥运会（图 10-5）在北京举行，具有两千多年历史的奥林匹克运动与五千多年传承的灿烂中华文化交相辉映。开幕式上的大型表演和火炬点燃仪式给全世界留下了深刻印象。

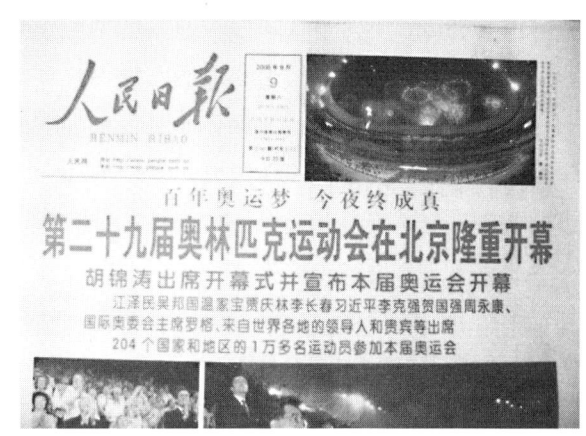

图 10-5　成功举办北京夏季奥运会

在比赛中，共有 639 名中国运动员参加了 28 个大项、262 个小项的比赛。中国体育健儿在赛场上顽强拼搏，表现出了优异的体育风尚和竞技水平，创 4 项世界纪录，中国首次位列奥运会金牌榜第一、奖牌榜第二，取得了前所未有的优异成绩。

三、北京奥运会的影响

北京奥运会的成功举办，是中国人民对国际奥林匹克事业的重大贡献，也是对世界和平事业的巨大贡献。作为世界人口大国的中国举办奥运会是有史以来的第一次。北京奥运会的成功举办使奥林匹克运动在中国更大规模地普及，奥林匹克精神在中国得到了更广泛的传播与弘扬。北京奥运会极大地激发了全国人民的爱国热情，增强了中国人民的民族自豪感和民族凝聚力，有力地推动了我国的经济建设与社会发展，有力地推动了我国的奥林匹克运动和体育事业。

为了实现举办奥运会这个中华民族的百年期盼，中国几代人付出了锲而不舍的顽强努力。国运兴，体育兴。随着改革开放和社会主义现代化建设不断推进，中国大踏步迈入世界体育大国行列。在北京奥运会的申办、筹备和举办期间，全国人民共同承担中华民族百年圆梦的光荣使命，抓住伟大时代提供的难得机遇，大力培育和弘扬为国争光的爱国精神、艰苦奋斗的奉献精神、精益求精的敬业精神、勇攀高峰的创新精神和团结协作的团队精神，为北京奥运会、残奥会成功举办提供了强大精神支撑。这是以爱国主义为核心的民族精神和以改革创新为核心的时代精神的生动体现，是伟大的中华民族精神在当代中国的生动体现，也为中国的社会主义建设和体育发展留下了丰厚的遗产。

北京奥运会进一步扩大了中国的国际交往，增强了中国的国际影响，提高了中国的国际地位。举办一届有特色、高水平的奥运会和残奥会是中国人民对国际社会的郑重承诺。在党中央的领导下，北京奥运会获得了巨大成功，弘扬了团结、友谊、和平的奥林匹克精神，大力促进了世界各国人民的相互了解和友谊，通过"同一个世界、同一个梦想"的口号，把中国人民和世界各国人民的共同愿望连接起来。北京奥运会让世界各国人民相聚北京、相聚在五环旗下，成为世界各国人民加强交流、加深理解、增进友谊的盛会，诚如时任国际奥委会主席的罗格先生在闭幕式上所言："通过本届奥运会，世界更多地了解了中国，中国也更多地了解了世界。"

第四节　迈向体育强国新目标

北京奥运会后，党中央为中国体育确立了"竞技体育和群众体育协调发展，促进中国从体育大国向体育强国迈进"的奋斗目标。党的十八大以来，以习近平同志为核心的党中央高度重视体育在全面建成小康社会目标中的地位与作用，对体育工作作出了一系列重要指示批示，为中国体育在新时代的改革与发展指明了方向。

一、以习近平同志为核心的党中央高度重视新时代体育发展

2013 年 8 月 31 日，习近平在会见参加全国群众体育先进单位和先进个人表彰会代表时指出："体育是社会发展和人类进步的重要标志，是综合国力和社会文明程度的重要体现。体育在提高人民身体素质和健康水平、促进人的全面发展、丰富人民精神文化生活、推动经济社会发展，激励全国各族

夏季青奥会在南京成功举行。2013 年 11 月 3 日，中国奥委会正式致函国际奥委会，提名北京市为 2022 年冬奥会的承办城市。2015 年 7 月 30 日，国际奥委会第 128 次全会在吉隆坡会展中心举行，投票决定北京获得 2022 年冬奥会举办权。北京申办冬奥会的成功，是继 2008 年成功举办夏季奥运会后中国体育又一次对国际奥林匹克运动的重大承诺与贡献。它必将再次成为推动中国体育发展的强大引擎与动力。北京也由此成为第一个既举办过夏季奥林匹克运动会又举办冬季奥林匹克运动会的城市。

中国体育代表团奥运会成绩

自党的十八大以来，中国体育改革再一次起航。足球作为世界第一运动和中国影响最大的运动项目之一，受到党中央与国家领导的关注，要求把振兴足球作为发展体育运动、建设体育强国的一项重要任务。2015 年 1 月 26 日，经国务院审议通过《中国足球改革发展总体方案》，指出实现中华民族伟大复兴的中国梦与中国体育强国梦息息相关。发展振兴足球是建设体育强国的必然要求，也是全国人民的热切期盼。方案提出了"三步走"的近期、中期和远期目标。为了落实这一方案，2016 年相继公布《中国足球中长期发展规划（2016—2050 年）》和《全国足球场地设施建设规划（2016—2020 年）》。《中国足球改革发展总体方案》及一系列配套措施，推动了全国各地足球运动的开展。各级政府和学校以中小学和青少年为中心，建立了各种类型的足球学校和培训基地，成立了俱乐部，各种赛事也蓬勃开展起来。

四、体育产业成为国民经济新的增长点

进入新时代，党中央高度重视体育产业的发展及在国民经济建设中的重要作用。2014 年 10 月 20 日，国务院发布《关于加快发展体育产业促进体育消费的若干意见》（以下简称《意见》），要求加快发展体育产业、促进体育消费，推动大众健身。体育产业首次被定位于拉动内需和经济转型升级的"特殊"产业。《意见》提出，要在 2025 年基本建立布局合理、功能完善、门类齐全的体育产业体系，对其他产业带动作用明显提升，体育产业总规模超过 5 万亿元，成为推动经济社会持续发展的重要力量。《意见》还制定了

创新体制机制、培育多元主体、改善产业布局和结构、促进融合发展、丰富市场供给、营造健身氛围六大任务；提出了大力吸引社会投资、完善健身消费政策、税费优惠、规划土地、人才就业、无形资产开发等 7 个举措。

2018 年 12 月 21 日，国务院办公厅发布《关于加快发展体育竞赛表演产业的指导意见》，强调发展体育竞赛表演产业，对挖掘和释放消费潜力、保障和改善民生、打造经济增长新动能具有重要意义。提出到 2025 年，体育竞赛表演产业总规模要达到 2 万亿元，要推出 100 项具有较大知名度的体育精品赛事，打造 100 个具有自主知识产权的体育竞赛表演品牌，基本形成产品丰富、结构合理、基础扎实、发展均衡的体育竞赛表演产业体系。

2019 年 9 月 4 日，国务院办公厅印发《关于促进全民健身和体育消费推动体育产业高质量发展的意见》，提出从深化"放管服"改革，释放发展潜能；完善产业政策，优化发展环境；促进体育消费，增强发展动力；建设场地设施，增加要素供给；加强平台支持，壮大市场主体；改善产业结构，丰富产品供给；优化产业布局，促进协调发展；实施"体育+"行动，促进融合发展；强化示范引领，打造发展载体；夯实产业基础，提高服务水平共 10 个方面的政策举措。

上述文件和措施，有力地促进了我国体育产业的发展与增长，使体育产业增加值保持了高速增长，产业结构不断优化，居民体育参与和体育消费水平快速提高。根据国家体育总局与国家统计局联合发布《2019 年全国体育产业总规模与增加值数据公告》，2019 年全国体育产业总规模（总产出）为29483 亿元，增加值为 11248 亿元。从名义增长看，总产出比 2018 年增长10.9%，增加值增长 11.6%。

五、体育文化建设成为体育强国建设的重要任务

2008 年北京奥运会后，中国进入了建设体育强国的新阶段。体育文化建设的意义与价值开始受到高度关注与重视。

2009 年 12 月，在北京奥运会结束后召开的全国体育发展战略研讨会上，国家体育总局主要领导在大会报告中首次提出，全民健身、竞技体育、体育

产业、体育文化是建设体育强国的四大重要工作与任务。这是国家体育部门首次将体育文化作为主要工作与任务。

2011 年 7 月，国家体育总局在成都召开了首次全国体育文化建设工作会议。同年 10 月在党的十七届六中全会上，党中央提出了推动社会主义文化大发展大繁荣的任务和目标。在新的形势下，推动和促进体育文化建设已经成为我国体育事业的重要任务与目标。2021 年 10 月国家体育总局公布《体育发展"十四五"规划》，明确了体育强国建设应进一步在体育领域中彰显社会主义核心价值观，发挥体育文化的功能和价值，弘扬以新时代女排精神为主要特质的中华体育精神，深入推进运动项目文化建设，注重提高中华优秀传统体育文化的影响力，创作优秀体育文化作品，培育体育文化品牌，不断提升体育在中国文化软实力的作用。

随着中国体育事业的迅速发展，广大人民群众对体育的需求不断丰富和提高，社会对体育文化发展提出了更高的要求。无论是全民健身还是竞技体育、体育产业的发展，都需要文化内涵支撑，需要在各类文化介质参与下进行宣传、包装与推广。迈入小康社会的中国人民不仅需要通过体育追求健康与娱乐，还需要通过各类体育文化形态与产品（如体育新闻、体育转播、体育影视、体育广告、体育出版物、体育艺术、体育网络产品、体育电游与电子竞技、体育博览会、体育博物馆、体育名人堂、体育文创产品和纪念品等）来满足教育、娱乐、情感等需求。新时期体育文化建设以人力弘扬中华体育精神、传承中华传统体育文化、推动运动项目文化建设和丰富体育文化产品为基本任务，为体育事业可持续发展提供根本动力。

六、全民健身国家战略下的民族传统体育

党的十八大后，在全民健身国家战略的推动下，民族传统体育获得了重视与发展。2014 年，国家体育总局和中华全国体育总会颁发《武术段位制推广十年规划》，中小学成为推广的重点。此后，教育部与体育总局等部门相继推出"一校一拳""课后一小时""校园武术操""武术进校园"等政策，这些举措均为促进我国中小学校园武术的发展奠定了制度基础。

2015 年 8 月，第 10 届全国少数民族传统体育运动会在内蒙古鄂尔多斯举行，举办地涵盖内蒙古、新疆、西藏等全部民族自治区，以及北京、天津、广州等经济发达地区。从 1953 年的 5 个竞赛项目、22 个表演项目到 1999 年的 13 个竞赛项目、161 个表演项目，再到 2015 年的 17 个竞赛项目、140 个表演项目。少数民族运动会参赛民族涵盖了我国 55 个少数民族。

2016 年，中共中央、国务院印发的《"健康中国 2030"规划纲要》强调，在推行民众健身活动时，推广武术等优秀传统体育项目，有利于落实体育强国战略，有利于健康中国目标的实现。2016 年 7 月，体育总局印发《中国武术发展五年规划（2016—2020 年）》，凸显武术在健康中国政策贯彻落实中的地位，同时提出广泛开展武术活动、服务全民健身国家战略、加强武术传承与保护、着力推广学校武术发展、完善武术师资培训机制等策略。2019 年 7 月，体育总局等 14 个部门下发《武术产业发展规划（2019—2025 年）》，提出确立与相关行业融合的合作发展机制，促进武术与养生、旅游、文化、教育、电影等互相融合，最终实现体育强国和健康中国的战略目标。

七、《体育强国建设纲要》为中国体育指明发展方向

2019 年 9 月 2 日，国务院办公厅发布《体育强国建设纲要》（以下简称《纲要》），对我国建设体育强国进行科学规划与总体布局，开启了建设世界体育强国新征程。

《纲要》明确了体育强国建设的三个阶段战略目标：到 2020 年，建立与全面建成小康社会相适应的体育发展新机制；到 2035 年，形成政府主导有力、社会规范有序、市场充满活力、人民积极参与、社会组织健康发展、公共服务完善、与基本实现现代化相适应的体育发展新格局，体育治理体系和治理能力实现现代化；到 2050 年，全面建成社会主义现代化体育强国，体育成为中华民族伟大复兴的一个标志性事业。

在目标设定的基础上，提出了体育强国建设的五大战略任务：落实全民健身国家战略，助力健康中国建设；提升竞技体育综合实力，增强为国争光能力；加快发展体育产业，培育经济转型新动能；促进体育文化繁荣发展，

弘扬中华体育精神；加强对外和对港澳台体育交流，服务大国特色外交和
"一国两制"事业等。

《纲要》作为新时代我国体育强国建设发展的一个标志性文件，对我国
体育强国建设具有重大深远的理论和实践意义。它充分体现了以人民为中心、
办人民满意的体育事业的发展思想，紧紧围绕全民健身和健康中国国家战略
的实施，紧紧围绕广大人民群众的实际需求和对美好生活的向往建设体育
强国。

21 世纪是中华民族实现伟大复兴的时代，是中国体育事业进入全面建设
体育强国的时代，随着 21 世纪中国社会、经济文化的全面发展和中华民族伟
大复兴的推进，到 21 世纪中叶，我国体育将满足广大人民群众的实际需求和
对美好生活的向往，实现《纲要》制定的"全面建成社会主义现代化体育强
国，体育将会成为中华民族伟大复兴的一个标志性事业"战略目标。

❓问题与思考

1. 什么是"奥运模式"？《名古屋决议》的重要内容及对中国体育的影响有哪些？

2. 《中华人民共和国体育法》是何时颁布的，对中国体育的影响有哪些？

3. 改革开放以来学校体育领域与大众体育领域有哪些改革措施与成效？

4. 成功举办 2008 年北京夏季奥运会的意义有哪些？

5. 简述《体育强国建设纲要》的主要内容、意义及影响。

📖拓展阅读书目

1. 崔乐泉. 中国体育通史 [M]. 北京：人民体育出版社，2008.

2. 郝勤，潘华，崔莉. 中国与奥林匹克运动 [M]. 北京：人民体育出版社，2011.

3. 伍绍祖. 中华人民共和国体育史：1949—1998（综合卷）[M]. 北京：中国书籍出版社，1999.

[名师讲堂]

改革开放新时期的体育

新时代体育成就

中国女排